VALÉRIE CLUZEL

ILLUSTRATIONS
DE JASON COLLE

TRUE STORY

L'HISTOIRE VRAIE DONT
VOUS ÊTES LE HÉROS

UNE NOUVELLE PETITE SŒUR

MIXTE
Papier issu de sources responsables
FSC® C007507

Cet ouvrage est imprimé sur du papier certifié FSC® issu de forets gérées durablement et d'autres sources contrôlées.

Direction : Guillaume Pô
Direction éditoriale : Camille Chevalier
Responsable éditoriale : Euriell Séguillon
Édition : Stéphanie Chineaux assistée de Cyrielle Massieux
Direction de la fabrication : Thierry Dubus
Fabrication : Gwendoline da Rocha assistée de Juliette Darriere

Photographie de Valérie Cluzel : Le Télégramme-Eric Rannou

57, rue Gaston-Tessier – 75019 Paris

ISBN 978-2-38382-389-6
Dépôt légal : juin 2023
Imprimé en Espagne en avril 2023

www.editions365.eu
Média Diffusion • Distribution MDS

VALÉRIE CLUZEL

TRUE STORY

L'HISTOIRE VRAIE DONT
VOUS ÊTES LE HÉROS

ILLUSTRATIONS
DE JASON COLLE

UNE NOUVELLE PETITE SŒUR

LES RÈGLES

Tu es l'héroïne ou le héros de l'histoire !

Dans ce livre, la progression de l'intrigue variera selon tes choix. Il existe ainsi plusieurs péripéties et diverses fins possibles : à toi de les explorer et de recommencer l'aventure pour en découvrir de nouvelles.

COMMENT ÇA MARCHE ?

Commence l'histoire et prends le contrôle de la suite : tu auras alors la possibilité d'influer sur les événements en te rendant à un paragraphe ou à un autre.

Munis-toi d'un crayon. Il te sera indispensable pour noter ta progression ! Tu pourras noter des infos ou des indices à la fin du livre, dans ton carnet de bord.

Ton expérience s'arrête lorsque tu tombes sur une des fins. Sache qu'il existe des façons plus heureuses que d'autres de finir l'histoire.

POUR ALLER PLUS LOIN…

Ce livre est inspiré de faits réels. Après ta lecture, nous te proposons de découvrir les dessous de l'affaire Kuřim (à partir de la page 242).

TON PERSONNAGE

TON PERSONNAGE

Ça, c'est toi ! Tu peux remplir ces pages au cours de tes différentes lectures.

PRÉNOM : *Alex*

ÂGE : *19 ans*

MEMBRE DE LA FAMILLE :

Grande sœur ou grand frère

DESCRIPTION :

Tu es étudiant·e en deuxième année de psychologie dans une ville à quelques heures de train de chez ton père. Tu vis dans un appartement, en colocation avec une fille de ton âge, Fatou.

Tu as un petit frère de 6 ans qui s'appelle Arthur. Votre mère est décédée il y a cinq ans. Depuis, ton père vous a élevés seul, ton frère et toi.

Ton père vit dans un lotissement d'une petite ville. Tu as grandi dans cette maison et ton meilleur ami, Sylvain, vit dans la même rue, à seulement quelques maisons de la vôtre.

Au fil de ta lecture, si tu as envie d'écrire d'autres informations à propos de toi, ton passé ou ta famille, note-les ici :

....

....

....

....

....

....

....

POINTS DE SYMPATHIE :

Au début de la partie, tu possèdes cinq points de sympathie. Tu pourras les perdre au fil de l'histoire si tu vexes un personnage en prenant une mauvaise décision. Néanmoins, si tu veux obtenir la meilleure fin, il te faudra parfois tenter le tout pour le tout, sans tenir compte des sentiments des autres personnages. À toi de juger quand il faut prendre un risque ou non !

Dans les faits, barre un point de sympathie à chaque fois qu'on te dira que tu en perds un. Tu n'auras aucun moyen d'en récupérer, alors méfie-toi et fais les bons choix !

1	2	3	4	5

Si tu tombes à 0 point de sympathie, ton aventure s'arrête malheureusement ici. Recommence alors au tout début et essaie d'autres chemins. Peut-être parviendras-tu à aller au bout de l'histoire la prochaine fois ?

OBJETS À COCHER :

Cadeau de Noël : ☐ LIVRE ☐ ÉCHARPE ☐ JOUET CHAT

☐ DESSINS D'ANNA ☐ CASQUETTE ET LUNETTES ☐ MOT D'ANNA

LES AUTRES PERSONNAGES

ANNA

Voici Anna. Jeune pré-adolescente, ton père vient de l'accueillir dans votre famille. Tu ne sais pas pourquoi, mais il y a chez elle quelque chose d'inquiétant.

ARTHUR

C'est ton petit frère de 6 ans ! Pour lui, tu te battrais bec et ongles. Depuis que tu es parti·e de la maison, tu sens qu'il s'ennuie un peu avec ton père. Il est pourtant très joyeux, même depuis le décès de votre mère.

TON PÈRE

Depuis la mort de ta mère, ton père n'est plus le même. Usé par la vie, par le fait d'être père solo et de devoir s'occuper de deux enfants, il passe le plus clair de son temps au travail.

FATOU

Elle, c'est ta coloc. Toujours à l'écoute, elle est un vrai soutien dans ta vie : une de tes plus belles rencontres depuis que tu es à la fac.

SYLVAIN

Ami d'enfance et aujourd'hui meilleur ami, Sylvain est ton voisin depuis que vous êtes petits. Vous en avez traversé des choses ensemble !

À TOI DE FAIRE LES BONS CHOIX...

1

Tu as déjà raccroché le téléphone depuis une dizaine de minutes, et pourtant, alors que tu étends ton linge, la même phrase tourne en boucle dans ta tête : ton père va adopter un troisième enfant. Tu as du mal à y croire.

« Je comprends ton appréhension, Alex, mais Arthur s'ennuie tout seul depuis que tu es parti·e », t'a expliqué ton père.

Arthur, c'est ton petit frère. Il a 6 ans. Toi, tu en as 19, et tu entames tout juste ta deuxième année d'études en licence de psycho. Tu rêvais de vivre en ville, et tu t'es donc retrouvé·e à plusieurs heures de train de ta famille. Tu avais promis de revenir tous les week-ends, puis tu t'es fait ta vie, tes amis… Tu ne reviens maintenant plus que pour les vacances scolaires.

Pourtant, tu adores ton frère. Vous vous amusez bien ensemble ! Non, le problème n'est pas Arthur. C'est ton père. Il est si triste depuis le décès de ta mère, il y a cinq ans. Souvent, tu te demandes s'il a vraiment fait son deuil, s'il sera jamais vraiment de nouveau heureux. Il a commencé à se murer dans le silence et dans le boulot. Vous ne partagez plus grand-chose. Rien d'étonnant à ce qu'Arthur s'ennuie !

Tout en secouant vivement une chemise mouillée pour la défroisser, tu te dis que ce n'est peut-être pas si bête, après tout, cette histoire d'adoption. Ça changera les idées à ton père, et Arthur aura enfin un compagnon de jeu de son âge.

Quelques semaines seulement après l'annonce de ton père, tu comprends qu'il avait déjà bien entamé les démarches, car il te parle déjà d'une petite Anna par message.

> Tu la rencontreras aux vacances de Noël. Tu verras, Alex, elle est formidable !

Tu ne t'attendais pas à te retrouver aussi vite avec une nouvelle petite sœur. Tu pensais au moins avoir le temps d'en parler à ton père de vive voix. Tu espérais même qu'il te demanderait ton avis pour « choisir » l'enfant.

– Rah, la poisse ! J'avais déjà tous mes cadeaux de Noël, en plus.

– Tu parles tout·e seul·e ? demande ta coloc, Fatou.

– Oui, pardon. Ça y est, c'est officiel, j'ai une nouvelle petite sœur... Ça fait bizarre.

Fatou ne sait pas trop comment réagir, alors elle détourne ton attention en te proposant de t'aider à trouver un cadeau de Noël à Anna.

Dans quelle boutique aimerais-tu acheter quelque chose ? Fais ton choix, puis rends-toi au paragraphe correspondant. *Zen mode* en **134**, *Au bonheur des mômes* en **155**, ou encore *Jeux bouquine* en **64**.

2

Tu appelles d'abord chez toi, mais personne ne répond. Encore une fois...

– Ils ne partent quand même pas tout le temps en week-end ! lâches-tu tout haut, à bout de nerfs.

Tu entends Fatou te crier quelque chose depuis sa chambre, mais tu ne comprends pas. Tu essaies ensuite le portable de ton père, sans plus de résultat.

Tu pousses un cri de colère et balances ton téléphone sur le canapé. Cette fois, Fatou sort de sa chambre.

– Tout va bien ?

– Ils commencent vraiment à me gonfler !

Tu laisses passer quelques secondes, le temps de pousser un long soupir énervé, avant de reprendre :

– Tu crois que je devrais y aller ce week-end ?

– Ça ne fait que deux semaines... mais c'est vrai que c'est bizarre. Ton père va râler s'il te voit arriver à l'improviste, non ? Il n'y a pas quelqu'un d'autre que tu pourrais appeler ?

À toi de voir ! Si tu veux te rendre chez ton père, poursuis en **55**. Si tu préfères appeler Sylvain, continue en **32**.

3

– Elle est évidemment l'une de ces « enfants sauvés ». Elle n'a jamais parlé durant les interrogatoires, mais le père François a parlé pour elle. C'est sa protégée depuis des années et, en voulant n'en dire que du bien, il l'a plutôt enfoncée avec lui.

Tu ne peux retenir un sourire narquois.

– Mais ce n'est pas tout. Les dessins de son carnet… ça paraît fou, mais ils représentent les visages de la famille Barot. On a donc creusé un peu, et on a prélevé l'ADN d'Anna.

Tu te lèves d'un bond, en ouvrant de grands yeux.

– Eh oui, ce n'est autre qu'Anne Barot, la fillette survivante. C'est en réalité une femme de 35 ans. Elle est atteinte d'une maladie qui a ralenti sa croissance.

Alors là, tu es vraiment sous le choc. Tu échanges un regard sidéré avec Fatou et Sylvain, qui sont dans le même état que toi. Maxime poursuit sans y faire attention :

– On n'a pas encore de preuves, mais elle est devenue notre suspecte numéro un dans cette affaire. On vient juste de rouvrir l'enquête, après vingt ans. On pense d'ailleurs que le père François est aussi impliqué. On pense que c'est lui qui a soufflé à Anna de tuer sa famille. Elle était probablement son arme secrète. Mais même si on n'en découvre pas plus, elle sera au moins jugée comme une adulte dans l'affaire de ton frère.

Ton histoire s'arrête là, et elle se termine de la meilleure des façons. Félicitations ! Tu as sauvé Arthur et tu as pu prouver qu'Anna, le père François et ton père étaient tous des criminels. Tu n'es pas près de réentendre parler de cette fille, qui finira probablement ses jours en prison !

4

Tu as un peu peur de ce que tu pourrais trouver dans la chambre d'Anna. Et peur aussi d'avoir à nouveau cette sensation bizarre de voir une inconnue qui a déjà toute sa petite vie dans ta maison. Tu préfères oublier un peu tout ça, juste pour ce soir, le temps de te remettre de tes émotions.

– C'est gentil, Anna, mais je suis fatigué·e. Je crois que je vais aller me coucher tout de suite.

Anna perd immédiatement son sourire, mais elle ne dit rien. C'est Arthur qui s'en mêle :

– Allez, Alex, ça va te prendre deux minutes. T'es pas très sympa !

Ton petit frère fait la moue. Évidemment, tu ne peux plus refuser.

– Bon, OK, mais deux minutes.

Dommage ! Tu perds un point de sympathie. Quand tu l'auras noté au début du livre page 11, suis Anna dans sa chambre, en **20**.

5

Le lendemain matin, un peu avant 8 heures, tu vois ton père sortir de chez lui et avancer en direction de la maison de Sylvain. Tu te jettes au sol pour qu'il ne te voie pas.

– Sylvain, c'est mon père ! cries-tu depuis l'étage.

Tu cherches un endroit où te cacher, comme si ton père allait entrer d'un coup pour venir te chercher. Tu finis par te mettre dans le placard de la chambre des parents de Sylvain. Tu entends la sonnette qui tinte dans toute la maison. Que se passera-t-il si ton père te trouve ici ?

Tu tends l'oreille, mais tu n'entends que des voix, sans comprendre ce qu'elles disent. Puis la porte se referme. Les voix s'arrêtent, et tu entends des pas dans l'escalier.

– Alex ?

C'est Sylvain, mais tu n'oses pas répondre tout de suite, tu attends de le voir entrer, seul, pour sortir du placard. Il sursaute.

– T'es sérieux·se ? demande-t-il en riant. T'inquiètes, il voulait juste savoir si je t'avais vu·e ces derniers temps, mais j'ai dit que non. Et après, il m'a sorti que tu n'étais pas dans ton état normal, ou un truc du genre, et que je devais me méfier de toi. Il m'a aussi dit de l'appeler si je te voyais, car tu aurais besoin d'aide, selon lui.

Tu fronces les sourcils, sans comprendre.

– Pourquoi il ne m'appelle pas, s'il me cherche ?

Sylvain hausse les épaules.

– Il a peut-être juste peur que tu débarques sans prévenir. Il est vraiment louche, ton père...

Tu te rapproches de la fenêtre avec précaution. Tu vois ton père rejoindre la maison d'un autre voisin. Tu n'en reviens pas ! Il fait le tour du quartier pour parler de toi. Tu as confiance en Sylvain, mais les autres... S'ils te voient, ils ne manqueront pas de prévenir ton père.

Tu vas devoir être encore plus vigilant·e désormais. Poursuis en **89**.

6

Sur le lit, tu repères une poupée de chiffon à l'air effrayant. Tu tends la main vers elle pour la prendre, mais Anna t'agrippe le poignet pour te retenir.

– Je préfère que tu n'y touches pas. Je ne veux pas qu'elle change d'odeur.

Devant ton air surpris, Anna lâche, comme à contrecœur :

– C'est comme un doudou, si tu veux...

Tu ne peux t'empêcher de sourire. Il y aurait donc bien une âme d'enfant sous cet air sérieux et cette politesse sans faille ?

Tu n'insistes pas et tu regardes le reste de la pièce.

Si tu ne l'as pas déjà fait, tu peux toujours jeter un œil à la Bible sur la table de chevet d'Anna, en **143**, ou bien regarder le carnet posé sur le bureau, en **39**, ou encore poser des questions à Anna sur son passé, en **47**. Enfin, tu peux aller te coucher en **129**.

7

Tu te lèves pour rejoindre Sylvain.

– Fais gaffe, tu vas réveiller Nalah. Oui, je veux bien une bière.

Tu l'aides à apporter aussi quelques chips, puis vous vous réinstallez dans le canapé. Tu prends le babyphone et le plaques sur ton oreille, mais tu n'entends plus rien. Ce devait être Nalah.

En fin d'après-midi, tu vois ton père rentrer seul à la maison. Mais il n'en sort pas du reste de la journée, et tu ne vois pas Anna. Le soir, tu pars te coucher en te demandant si tu ne devrais pas les suivre en voiture, pour vérifier qu'ils ne se rendent pas à l'endroit où se trouve Arthur. Mais vous n'avez que la voiture des parents de Sylvain à disposition, et ton père la connaît trop bien, il vous repérerait vite. Tu t'endors tard à force de chercher une solution.

Continue en **36**.

8

Quel que soit le cadeau que tu as choisi, coche-le au début du livre page 11.

Les vacances de Noël arrivent très vite. Dans le taxi qui t'emmène de la gare à ta maison d'enfance, tu commences à avoir la boule au ventre. Ta nouvelle petite sœur va-t-elle t'apprécier ? Est-ce que toi, tu vas réussir à l'apprécier ? En tout cas, tu te promets de tout faire pour qu'Anna se sente parfaitement à l'aise, car elle risque de se sentir à l'écart durant le repas de Noël. Puis tu souris en pensant à la tête d'Arthur quand il verra la bûche au chocolat que tu leur apportes.

– Alex !

Arthur devait guetter ton arrivée, car tu as à peine mis le pied hors du taxi qu'il se jette dans tes jambes. Tu lèves la bûche au-dessus de ta tête.

– Attention, la terreur, ou le dessert va finir par terre.

Arthur attrape le plus petit de tes sacs et vous remontez l'allée côte à côte. Tu inspires profondément avant d'entrer dans la maison. Tu t'attends à y retrouver l'ambiance pesante habituelle depuis la mort de ta mère.

– Salut, Alexou ! s'exclame ton père en passant un bras autour de tes épaules, qu'il presse avec affection.

Tu fronces les sourcils avant de te reprendre. Tu ne t'attendais certainement pas à ça ! Ton père ne t'a pas appelé·e « Alexou » depuis des années, quant à te serrer contre lui, n'en parlons pas ! Tu t'écartes un peu, gêné·e.

– Anna est dans sa chambre. On t'attendait pour dîner. Anna ! Tu viens ?

Tu poses tes sacs et tu prends ton petit frère dans tes bras pour te redonner une contenance. Tout en faisant un câlin à Arthur, tu gardes tes yeux rivés sur l'escalier.

Tu vois d'abord de beaux souliers vernis avec soin, puis une paire de collants blancs immaculés, surmontés d'une robe à fleurs. Enfin, le visage d'Anna arrive à hauteur de tes yeux. Tu mets quelques secondes à comprendre qu'elle est arrivée en bas des marches, et qu'elle fait presque ta taille.

– Tu n'as pas 6 ans ? demandes-tu en oubliant toute forme de politesse.

Mais Anna t'adresse un sourire éclatant.

– Non, j'ai 13 ans. Papa ne te l'a pas dit ?

« Papa » ? Elle l'appelle déjà « Papa » ? Tu bafouilles une réponse, puis vous vous installez à table.

Aussitôt, c'est toi qui te sens à l'écart. Tu ne reconnais pas ton père, que tu vois siffloter en ramenant un poulet fumant de la cuisine. Et tu es presque un peu jaloux·se quand tu vois Arthur se précipiter pour être à côté d'Anna. Quant à elle, elle continue de te fixer avec un sourire.

Si tu proposes d'ouvrir les cadeaux tout de suite avant d'attaquer le poulet, continue en **33**. Si tu préfères attendre le dessert, poursuis en **132**.

9

Tu te sens tellement en colère que tu te jettes sur Anna en poussant un cri. Mais la jeune fille reste très calme. Elle se lève d'un bond pour téviter, et tu te retrouves à plat ventre dans les escaliers. Elle grimpe à califourchon sur toi.

Ton attaque ratée te met encore plus en colère, sans compter la douleur : tu t'es pris les marches dans les genoux et le menton.

– Dégage ! cries-tu en gigotant pour la faire partir.

Tu l'entends rire.

– Désolée, Alex, mais je préfère être enfant unique finalement. Adieu !

Tu n'as pas le temps de réagir. Tu sens un objet froid te transpercer la gorge. Tu veux hurler, mais tu n'y parviens pas. Tu n'arrives pas à te dégager non plus. Anna est toujours sur toi. Elle sort le tournevis de ta gorge et le plante dans ton dos. Cette fois, elle rit aux éclats. Tu n'en reviens pas de t'être fait avoir comme ça par une gamine.

Quelques heures plus tard, ton père te découvrira sans vie dans l'escalier, avec plusieurs dizaines de coups de tournevis dans le dos.

Ton histoire s'arrête ici, et elle ne s'est pas très bien terminée. À toi de tout recommencer, en faisant cette fois des choix plus judicieux, pour tenter d'avoir une meilleure fin. Bonne chance !

10

Tu accompagnes ton frère dehors. Anna vous rejoint rapidement. Vous réalisez un magnifique bonhomme de neige à vous trois. Puis Anna part chercher ton père pour une balade tous ensemble. Vous marchez jusqu'au parc le plus proche. Arthur et Anna sont en tête, main dans la main.

– Ils s'entendent bien ? demandes-tu à ton père.

– Oui, regarde-les. Anna a amené beaucoup de bonheur dans notre maison. Arthur a une nouvelle figure maternelle, et moi je me sens moins seul.

Tu regardes ton père en fronçant les sourcils. C'est comme s'il parlait d'une nouvelle belle-mère. Et puis, il semble oublier que tu étais là pour eux deux, toi aussi, avant de partir pour tes études. Tu ne peux t'empêcher de te demander ce qu'Anna a de plus que toi. Comme si

elle lisait dans tes pensées, cette dernière se tourne vers vous pour vous adresser un grand sourire.

Arrivés au parc, Arthur se jette sur une balançoire et demande à Anna de le pousser. Tu restes en retrait, énervé·e que ton frère ne se soit pas adressé à toi.

Anna le pousse de plus en plus fort. Au début, il est ravi, puis tu vois qu'il commence à monter très haut, trop haut peut-être, et que son sourire se crispe.

Si tu veux réagir vite, mais un peu brusquement, en disant à Anna de pousser moins fort, poursuis en **24**. Si tu veux faire une remarque douce à Anna, et alors agir moins vite, continue en **42**. Enfin, si tu préfères ne rien dire, rends-toi en **60**.

11

Tu commences à chercher Arthur, mais un bruit derrière toi t'alerte. Tu vois Anna dans l'encadrement de la porte de la cave. Un frisson glacé te parcourt le dos. Elle semble si grande vue d'en bas, si dangereuse. Elle appuie sur l'interrupteur. Tu es un instant ébloui·e. Elle en profite pour descendre et arriver à ton niveau. Là, elle ne te laisse pas le temps de réagir et te tape le crâne avec la statuette en granit que tu avais laissée sur le buffet. Tu tombes sur le sol, mais tu es encore conscient·e. Elle t'agrippe par les cheveux et te tire vers le fond de la cave. Tu es étonné·e qu'elle ait tant de force ! Elle finit par te poser contre un grillage métallique. Tu vois flou et tu n'arrives pas à comprendre de quoi il s'agit. Puis elle t'attache les mains à un radiateur.

Quand tu recouvres un peu tes esprits, tu te rends compte que tu es contre une cage d'un mètre de côté dans laquelle se trouve un petit Arthur tout recroquevillé. Tu as à peine le temps de le regarder que la lumière s'éteint. Vous vous retrouvez plongés dans le noir.

– Arthur ! Qu'est-ce qu'ils t'ont fait ?

Ton petit frère pleure à chaudes larmes. Il t'explique qu'il est ici depuis un moment. Qu'il a soif et faim. Mais qu'il ne doit pas se plaindre sinon il sera puni.

Tu tentes en vain de te dégager. Tu ne supportes pas l'idée de le savoir juste là, dans une si petite cage, et de ne pas pouvoir le serrer dans tes bras.

Tu restes des heures ainsi, sans pouvoir te libérer, à pleurer avec Arthur parfois, ou à essayer de le consoler quand tu en as le courage. Tu ne vois pas d'issue à votre situation. Anna t'a pris ton portable, tu ne peux prévenir personne.

Au bout de ce que tu penses être de longues heures, car tu as perdu la notion du temps, ton père et Anna viennent vous chercher tous les deux. Ils vous mettent des sacs sur la tête et vous font sortir de la maison. Tu aimerais crier, mais ils t'ont bâillonné·e. Une fois assis·e dans une voiture, tu reçois un coup sur la tête. Cette fois, tu es complètement assommé·e. Tout est noir.

Continue en **154**.

12

– Quant à Anna...

Tu es tout ouïe.

– Grâce aux courriels, on a bien compris qu'elle faisait aussi partie de la secte. Elle doit être l'une de ces enfants « sauvés ». Mais elle semble être effectivement orpheline, on n'a retrouvé aucune trace de ses parents. Elle devait être la protégée du père François depuis un moment déjà. À eux deux, ils ont peut-être même brisé d'autres familles avant la vôtre.

Tu baisses la tête. Effectivement, ta famille est brisée. Tu ne pourras jamais pardonner à ton père, et ton frère risque d'être traumatisé à vie. C'est donc bien Anna qui a été à l'origine de tout. Elle et ce prêtre de malheur ! Et tous deux sont libres.

– Même si on sait déjà qu'elle a quelque chose à voir dans toute cette histoire, poursuit Maxime, elle ne risque pas grand-chose.

Tu observes le policier, sourcils froncés, sans comprendre ce qu'il veut dire.

– Puisqu'elle est mineure, elle sera jugée comme telle. Du moins, si on la retrouve. Après tout, elle n'a que 13 ans.

Ton histoire s'arrête là. Bravo, tu as réussi à sauver Arthur et, suivant le chemin que tu as pris, ton père passera du temps sous les verrous. Quant à Anna et au père François, les voilà libres. Tu peux donc essayer d'avoir une meilleure fin si tu le souhaites, pour qu'ils soient jetés en prison. Pour cela, recommence depuis le début et fais des choix différents.

13

Tu sais que tu es en danger. Pas le temps de t'éterniser. Tu pousses Anna de toutes tes forces et tu te jettes dans l'escalier. Tu entends un lourd objet tomber sur le sol du premier étage et Anna pousser une sorte de grognement. Tu entends aussi ton père glisser une clé dans la porte de derrière. Il sera là dans quelques secondes. Tes mains tremblent tandis que tu tournes toi aussi la clé dans la serrure de la porte d'entrée. La dernière chose que tu entends avant de refermer derrière toi, c'est ton père qui pénètre dans la buanderie en criant ton nom. Ce cri te glace le sang, mais tu ne t'arrêtes pas et tu cours chez Sylvain. Tu prends quand même le temps de faire le tour de sa maison pour que ton père ne te voie pas entrer dans sa cuisine. Heureusement, la porte est ouverte.

Une fois à l'intérieur, tu te précipites directement vers la fenêtre qui donne sur ta rue. Il n'y a personne devant chez toi, et la porte d'entrée que tu n'avais pas pris le temps de fermer est toujours entrouverte.

– Alex ? C'est toi ! J'ai eu la peur de ma vie !

Sylvain arrive derrière toi. Tu ne lui adresses pas un regard, les yeux toujours rivés sur ta maison.

– Euh... Tu m'expliques ?

– Chut !

Sylvain ne bouge plus, sans comprendre. Bientôt, tu vois Anna dans l'embrasure de la porte. Elle jette un œil dans la rue, puis elle rentre et referme derrière elle.

Tu retombes dans un fauteuil, relâchant soudain toute la pression.

– Tu m'expliques ?

Sylvain est debout devant toi, ahuri devant la scène que tu viens de lui jouer.

Tu lui racontes tout. C'est un flot de paroles continu que tu déverses d'une voix tremblante. Tu as eu réellement peur. Peur de ton père, et même peur d'Anna, qui est pourtant plus petite et fluette que toi. Plus tu parles et plus Sylvain ouvre de grands yeux. Il te propose immédiatement d'appeler la police, mais tu refuses.

– C'est encore ma famille. Je ne peux pas faire ça. Et puis… il y a encore une chance que ce que dit mon père soit vrai. Je ne sais pas…

Tu finis par te mettre à pleurer en comprenant réellement la situation. Sylvain s'assoit à tes côtés et essaie tant bien que mal de te consoler. Puis il a soudain une idée.

– La semaine prochaine, je vais garder ma petite cousine trois jours ici. Mes parents vont chez ma grand-mère avec sa mère. Si tu veux, tu peux passer ces quelques jours avec moi, et on gardera un œil sur ta maison. Au moindre problème, on pourra appeler la police.

Cette proposition te rassure un peu. Tu ne te vois pas retourner à la fac de toute façon. Si tu acceptes la proposition de Sylvain, tu devras quand même retourner dans ton appartement pour récupérer quelques affaires, mais tu es encore trop effrayé·e pour sortir dans la rue.

– Tu n'as qu'à rester dormir ici. Mes parents seront sûrement d'accord.

– Oh non, il ne faut rien dire à tes parents. Ils ne comprendraient pas. Ils appelleraient mon père.

Tu recommences à t'agiter. Sylvain te promet de ne rien dire et de te cacher dans sa chambre jusqu'au lendemain matin. C'est ce que vous faites, et tout se passe bien. Les parents de Sylvain ne se rendent compte de rien, et tu finis par t'endormir aux côtés de ton ami. Sa présence te calme et te rassure.

Le lendemain, tu attends que ton père et Anna quittent la maison pour sortir. Sylvain t'accompagne à la gare. Sur le quai, il te repose la question :

– Alors, on fait comme ça, tu viens chez moi mercredi ?

Si tu veux accepter cette proposition, poursuis en **113**. Si tu préfères rentrer chez toi et essayer d'oublier toute cette histoire, continue en **29**.

14

Si les paroles de Fatou t'avaient un peu rassuré·e, ce n'était pas pour longtemps, car en défaisant ta valise, tu y découvres un mot. Il n'y a pas de signature, mais tu n'en as pas besoin pour comprendre qui en est l'autrice : « Tu ferais mieux de te mêler de tes affaires et de ne plus jamais fouiller dans les miennes. »

Un frisson glacé te parcourt le dos. Ça ne sonne pas du tout comme Anna, et pourtant, il n'y a aucun doute. Elle a tenu deux semaines entières à tes côtés, à faire semblant, alors qu'elle t'en voulait depuis le début d'être allé·e dans sa chambre sans sa permission. Tu n'en reviens pas !

Coche au début du livre page 11 que tu as reçu un mot d'Anna, puis poursuis en **56**.

15

Quelques jours plus tard, tu es avec Sylvain et Fatou dans la chambre d'hôpital d'Arthur. Le petit garçon est endormi depuis qu'il a été amené ici. Les médecins l'ont plongé dans un coma artificiel, le temps qu'il reprenne des forces. Il était en malnutrition et presque complètement déshydraté. Le médecin t'a même dit qu'il n'aurait pas pu survivre quelques jours de plus. Tu l'as tiré de là juste à temps. Il ne devrait pas avoir de séquelles physiques.

« Il a eu beaucoup de chance », avait ajouté le médecin. Cette phrase t'a énervé·e. Non, ton frère n'a pas eu de chance. Il a failli mourir !

Tu te sens coupable comme jamais. Heureusement, tu es bien entouré·e. Tu loges à nouveau chez Sylvain. Il t'emmène tous les jours à l'hôpital, où tu passes la plupart de ton temps. Ce matin, Fatou vous a rejoints. Elle est restée avec toi toute la journée, pour permettre à Sylvain de se reposer un peu. Tu ne pourras jamais assez les remercier pour tout ce qu'ils font. Surtout Sylvain.

Tu lui dois la vie, et plus important encore : celle de ton petit frère.

Si tu n'as pas lu les mails de ton père plus tôt dans l'histoire, continue en **41**. Sinon, poursuis en **57**.

16

Tu déplaces le faisceau de la lampe un peu partout dans la cave, puis tu finis par apercevoir un petit corps tout frêle au fond de la pièce. Tu reconnais à peine ton frère, enfermé dans une cage d'un mètre de côté, dans laquelle il n'y a qu'un bol vide et un seau rempli d'excréments.

Arthur est très sale, maigre et tout décoiffé. Tu es partagé·e entre le bonheur et le soulagement de le revoir en vie et la tristesse de le découvrir dans cet état.

– Papa, c'est toi ? J'ai soif, Papa.

Tu mets une main devant ta bouche pour retenir un sanglot. Pour l'instant, tu éblouis ton frère avec la lampe de ton téléphone, il ne peut pas te voir. Tu essaies de te calmer pour réfléchir à tes options.

Si tu as attaché Anna, file en **149**.

Si ce n'est pas le cas, et que tu as envie de prendre ton petit frère dans tes bras et de le sortir de cette cage, poursuis en **74**. Si tu préfères ne pas te montrer à Arthur, te cacher dans la cave et attendre en silence, rends-toi en **34**. Si tu préfères appeler la police, va en **149**. Enfin, si tu veux chercher des éléments qui te permettront de comprendre pourquoi Arthur est dans un tel état, tu peux retourner

autres choix possibles page suivante →

au rez-de-chaussée regarder le prospectus sur le bureau de ton père, en **50**, ou aller au 1er étage, en **54**.

17

– Papa, j'ai l'impression qu'Arthur ne va vraiment pas bien. J'aimerais revenir habiter ici. Juste ce semestre. Je pourrais...

Il n'attend pas que tu termines et te répond calmement, mais sèchement.

– Il en est hors de question. Arthur commence juste à s'habituer à notre nouvelle vie avec Anna. Et puis, je paie pour tes études, je te rappelle. Tu ne vas pas tout lâcher comme ça.

– Il y a des cours à distance, essaies-tu.

– Peu importe ! Même si tu revenais, tu devrais repartir un jour, et Arthur devra s'habituer à nouveau à ton absence. Ce n'est vraiment pas une bonne idée.

– Mais, Papa... J'ai juste besoin d'être rassuré·e. Après tout, je connais à peine Anna. Tout ce que je vois, c'est qu'Arthur est différent et qu'il a l'air plus malheureux qu'avant.

Ton père lâche sa tasse de café pour te regarder dans les yeux, sourcils froncés.

– Mais qu'est-ce qui t'arrive à la fin ? Tu ne me fais pas confiance ? J'ai l'impression que tu vois le mal partout depuis l'arrivée d'Anna !

Si tu veux répondre sèchement à ton père ce que tu penses d'Anna, poursuis en **26**. Si tu préfères laisser tomber ton idée de revenir vivre à la maison, continue en **77**.

18

– Je ne comprends pas vraiment le rôle qu'elle a joué dans cette histoire. On n'a pas grand-chose contre elle.

Tu sens la colère monter et tu réponds sèchement au policier qu'ils trouveront forcément des preuves, que cette fille est une folle.

– Alex, je te jure qu'on a fouillé la maison de fond en comble. Et si on a loupé quelque chose, on trouvera, j'en suis sûr. Mais pour l'instant, Anna ne sera inculpée que pour non-assistance à personne en danger, et comme elle est mineure, sa peine ne sera probablement pas aussi lourde que tu le voudrais.

– C'est le moins qu'on puisse dire, lâches-tu avec rage.

Sylvain raccompagne son ami à la porte et le remercie, tandis que Fatou s'assoit à côté de toi.

– Je sais, je n'ai pas été cool avec lui.

– C'est rien, Alex, personne ne t'en veut. Mais on s'en fout de tout ça. L'important maintenant, c'est Arthur, et il va bien, grâce à toi.

Tu regardes ton frère, si paisible dans son lit. C'est vrai, après tout, il va bien, et c'est le plus important.

Ton histoire s'arrête ici. Bravo, tu as réussi à sauver Arthur ! Mais Anna s'en sort un peu trop bien. Si tu veux, tu peux recommencer l'histoire au début pour essayer d'avoir une meilleure fin, en obtenant des preuves de sa culpabilité. Sinon, tu peux quand même être fier·ère de toi !

19

Tu poursuis ton espionnage. C'est bien regrettable que les fenêtres de ta chambre et de celle d'Anna donnent sur la rue, et non celle d'Arthur ! Plus tard, tu entends Nalah hurler. Ses parents commencent à lui manquer. Tu quittes un instant ton poste d'observation pour aider ton ami à la coucher.

– Je crois que je vais faire comme elle, elle m'a épuisé ! dit Sylvain en guise de bonne nuit.

Tu retournes donc à ton poste et tu veilles tard, jusqu'à ce que tes paupières commencent à se fermer toutes seules.

Le lendemain, ce sont des coups à la porte qui te réveillent. Sylvain vient t'annoncer que le petit-déjeuner est prêt. Avant de descendre, tu passes par la chambre des parents et constates que la voiture de ton père n'est plus là. Tu as loupé leur départ.

Continue en **31**.

20

Tandis que ton père aide Arthur à ranger ses cadeaux, tu suis Anna à l'étage. Tu as une petite montée d'adrénaline quand tu la vois s'approcher de la porte de ta chambre.

Mais elle passe devant sans s'arrêter pour rejoindre la porte suivante : la chambre d'amis.

En apparence, elle a tout de la chambre d'une préadolescente, si ce n'est que tout est parfaitement en ordre, ce qui n'était pas le cas de ta chambre au même âge.

Anna s'assoit sur le lit et t'observe. Tu t'intéresses à la bibliothèque pour échapper à son regard insistant.

Au début, tu n'es pas très concentré·e, puis tu commences à comprendre les titres des livres que tu es en train de regarder : *Meurtre au paradis*, *Les tueries de lord Shine*, *Le Mausolée des ombres*...

– C'est toi qui lis tout ça ? demandes-tu avec étonnement.

– Évidemment, c'est ma chambre.

– Ça n'a pas l'air d'être de ton âge.

Tu te tournes vers le lit pour regarder Anna, et tu sursautes en constatant qu'elle est juste à côté de toi. Elle prend un livre dans la bibliothèque.

– Je peux t'en prêter un si tu veux.

Tu attrapes le livre qu'elle te tend et tu t'éloignes un peu pour regarder la couverture.

– C'est l'histoire d'une fille qui tue toute sa famille, commente Anna en se rasseyant sur le lit.

Tu vois un petit sourire poindre sur le visage d'Anna alors qu'elle observe ta réaction à ce qu'elle vient de dire. Décidément, cette fille a quelque chose de très malaisant. Tu n'as pas l'intention de rester trop longtemps ici. Pourtant, tu remarques plusieurs objets qui t'intriguent.

Si tu veux t'approcher de la poupée de chiffon, poursuis en **6**. Si tu préfères jeter un œil à la Bible sur la table de chevet d'Anna, continue en **143**. Tu peux aussi regarder le carnet posé sur le bureau, en **39**, ou encore poser des questions à Anna sur son passé, en **47**, pour changer de sujet. Enfin, si tu préfères quitter la chambre, tu peux aller te coucher en **129**.

21

– Le petit paquet avec des fées.

Tu te sens soudain rougir. Le cadeau n'est pas du tout adapté à l'âge d'Anna ! Mais ça vaut mieux que rien... Tu croises les doigts sous la table pour que ça lui plaise un minimum.

Tandis qu'elle ouvre le paquet, tu ne peux t'empêcher de faire quelques commentaires pour justifier ton choix.

– Il s'illumine dans le noir, et il miaule quand tu appuies sur son ventre.

Anna n'appuie pas. Elle pose le chat sur la table et te regarde en souriant.

– Merci, Alex.

Tu n'as droit à aucun autre commentaire. Impossible de savoir ce qu'elle en pense. Mais quelques minutes plus tard, c'est Arthur qui prend le chat pour jouer avec.

– C'est trop cool ! Dans ma classe, tout le monde en a un. Tu me le prêteras, Anna ?

La jeune fille ne répond pas tout de suite. Elle continue de te regarder. Tu commences à être vraiment mal à l'aise, maintenant.

– Tu peux le garder, Arthur, finit-elle par lâcher, avec un sourire encore un peu plus prononcé.

Désormais, tu en as la confirmation : ton cadeau n'a pas du tout plu à Anna.

Aïe, tu viens de perdre un tout premier point de sympathie. Note-le au début du livre, page 11, puis continue ta lecture.

Plus tard, avant de monter vous coucher, Anna te propose de venir voir sa chambre.

Si tu préfères te coucher tout de suite, rends-toi en **4**.
Si tu acceptes la proposition, suis Anna en **20**.

22

Tu essaies de mettre tes suspicions de côté. Même si Anna a pris un tournevis, elle n'a que 13 ans ! Tu arriveras bien à la maîtriser. Et puis si Arthur est bien dans la cave, tu ne veux pas le faire attendre plus longtemps.

Tu avances donc d'un pas mal assuré vers Anna. Tu gardes tout de même un mètre de distance pour lui demander d'ouvrir la porte. Elle est de profil, face à la porte de la cave, mais elle tourne la tête vers toi. Tu supposes que le tournevis est dans sa main gauche. Tu te campes sur tes deux pieds, tu sens que quelque chose va venir. Mais Anna pose sa main droite sur la poignée et essaie de la faire tourner.

– C'est fermé. La clé est dans le bureau de Papa.

Sans attendre ta réaction, elle entre dans la pièce en question, juste derrière elle. À cette occasion, tu vois sa main gauche, vide. Qu'a-t-elle fait du tournevis ? Avant de la suivre dans le bureau, tu regardes près de la porte de la cave, mais tu ne le vois nulle part. Tu essaies ensuite d'ouvrir la cave, car Anna a peut-être fait semblant de ne pas y arriver. Elle est bien verrouillée.

Quand tu te retournes pour entrer dans le bureau, tu sursautes. Anna est juste devant toi. En un geste, elle attrape quelque chose à sa ceinture et te frappe avec. Elle pousse un cri de rage. Tu ne tombes pas tout de suite, tu te prends d'abord cinq ou six coups de tournevis dans le ventre. Puis tu te laisses glisser contre la porte de la cave.

Tu presses tes deux mains contre ton ventre. Tu sens un liquide chaud s'en échapper. Tu lèves les yeux vers Anna. Elle a les yeux exorbités, et elle sourit.

– C'est gentil d'être passé·e, Alex, mais je crois que je ne veux pas de frères et sœurs finalement. Je préfère être enfant unique.

– Anna… murmures-tu.

Elle ne t'écoute pas. Elle lève à nouveau sa main et te plante le tournevis dans la gorge. Cette fois, tu vois trouble, puis tu finis par perdre connaissance.

Ton aventure s'arrête ici, sans que tu aies pu sauver Arthur. Reprends l'histoire au début et essaie de prendre d'autres décisions pour tenter de rester vivant·e, cette fois.

23

Tu descends les escaliers avec précaution. Heureusement, tu connais les marches par cœur et tu sais par où passer pour éviter qu'elles ne grincent. Il t'est arrivé plusieurs fois de descendre en pleine nuit pour regarder la télé en douce quand tu étais petit·e.

Une fois en bas des marches, tu entends qu'Anna est dans la cuisine. Tu files donc au bout du couloir et tu entres dans le bureau.

Continue ta lecture en **147**.

24

– Anna, arrête, il va trop vite !

Tu te précipites vers elle pour l'éloigner de la balançoire. Anna te regarde avec un air furieux. Apparemment, elle l'a mal pris, et ce n'est pas la seule.

– Qu'est-ce qui te prend, Alex ? Reviens là ! réclame ton père en fronçant les sourcils.

Tu as l'impression d'être redevenu·e un·e enfant, tout à coup. Ton père est pourtant apathique d'habitude. Bon gré mal gré, tu retournes à ses côtés, un peu piqué·e par le ton qu'il a employé à ton égard. Mais tu es soulagé·e de voir qu'Arthur a quitté la balançoire aussi vite qu'il a pu.

Même s'il ne dit rien, tu vois bien qu'il est rassuré d'avoir à nouveau les pieds sur terre.

Sur le chemin du retour, ton père laisse Anna et Arthur repasser devant pour te parler.

– Je ne te trouve pas très gentil·le avec Anna. J'aimerais que tu fasses un effort. Elle fait partie de la famille maintenant, que tu le veuilles ou non.

Tu perds un point de sympathie. Note-le au début du livre, page 11, avant de poursuivre ta lecture en 127.

25

Tu te retiens de pousser un cri de joie, après être passé·e par tant d'émotions. Tes doigts tremblent tandis que tu retires le cadenas pour ouvrir la grille. Arthur se lève péniblement. Tu l'attrapes pour le sortir et tu le remets sur ses pieds. Mais il ne tient pas debout.

– Mes jambes me font mal.

Il ne s'est probablement pas tenu sur ses jambes depuis longtemps. Tu le fais donc monter sur ton dos. Il est tellement léger que tu en frissonnes. Tu sens ses bras frêles autour de ton cou. Il n'a que la peau sur les os.

Pour couronner le tout, ton petit frère dégage une odeur épouvantable. C'est presque irrespirable. Tu remontes le col de ta veste sur ton nez avant d'avancer vers les escaliers. Tu remontes les marches avec prudence. Arthur ne fait pas un bruit, mais tu le sens trembler. Il est terrifié.

Tu colles ton oreille contre le bois. Tu n'entends rien. Tu entrouvres donc la porte pour jeter un regard dans le couloir. Tu ne vois personne et toujours aucun son.

Si tu veux sortir par l'entrée principale de la maison, continue en **139**. Si tu préfères passer par la fenêtre du bureau, rends-toi en **37**.

26

– Je vois le mal partout ? Mais, Papa, ouvre les yeux ! Cette fille est flippante ! Elle ne lit que des livres effrayants, ne dit jamais ce qu'elle pense, son putain de sourire me glace le sang et elle fait peur à Arthur. Elle agit même comme si elle était sa mère !

Le visage de ton père change soudain, comme s'il venait de comprendre quelque chose.

– C'est donc ça. Tu ne supportes pas qu'il y ait une nouvelle femme à la maison. Personne ne prendra jamais la place de ta mère, et tu le sais.

Tu es stupéfait·e. Comment ton père a-t-il pu en arriver à cette conclusion ? Et qualifier Anna de « femme » ? Elle n'a que 13 ans… Tandis que tu restes bouche bée, ton père poursuit :

– Alex, tu m'inquiètes sincèrement. Je crois que tu as besoin d'aide.

– Que… quoi ?

Ton père n'en dit pas plus, il se lève et sort de la maison.

Il ne s'en sortira pas comme ça ! Tu le suis en continuant d'expliquer tous les comportements étranges d'Anna, et tout ce qui t'inquiète. Ton père ouvre la voiture et te demande de monter.

– Ah non ! Tu vas pas encore laisser Arthur tout seul !

– Anna est là, elle peut bien s'en occuper. Ils n'ont pas à entendre tes élucubrations. Si on doit avoir cette conversation, je préfère que ce soit hors de la maison.

« *Bien* s'en occuper », ça t'étonnerait, et puis, « Je crois que tu as besoin d'aide », tu te demandes ce que ton père voulait dire. D'un autre côté, tu pourrais profiter de ce moment seul·e avec lui pour continuer d'essayer de lui faire entendre raison.

Si tu veux monter en voiture, poursuis en **130**. Si tu préfères rester ici, continue en **73**.

27

Tu t'accroupis en face d'Arthur pour lui expliquer la situation.

– Je vais remonter pour chercher la clé du cadenas. Ne fais pas de bruit. Je reviens très vite.

– Mais Papa est méchant. Et Anna encore plus. C'est elle qui m'a fait ça.

Arthur te montre son bras. Il est recouvert de cloques parfaitement rondes, comme si on l'avait brûlé avec une cigarette. Tu as de nouveau les larmes aux yeux. Mais tu dois absolument te concentrer et cacher ta peur à ton frère.

– Tout va bien se passer, parviens-tu à murmurer.

Tu te redresses et tu remontes les escaliers en prenant encore plus de précaution qu'à la descente. Avant d'ouvrir la porte, tu y colles ton oreille. Tu n'entends absolument rien. Tu inspires profondément avant d'ouvrir le bâtant. Mais soudain, tu hésites. La clé du cadenas pourrait être sur le trousseau de ton père ou dans le bureau.

Si tu veux voir s'il est dans son manteau dans l'entrée, continue en **145**. Si tu préfères aller dans le bureau, rends-toi en **138**.

28

Ton père vous attendait dans l'entrée.

– Je peux savoir ce que tu fais là ? demande-t-il sans cacher sa colère.

– J'aimerais des explications. Arthur m'a dit que tu l'enfermais dans le placard ! Qu'est-ce que ça veut dire ?

Ton père t'attrape par le bras et te fait sortir de la maison sans ménagement.

– Je suis encore ton père. C'est moi qui m'occupe de l'éducation d'Arthur. Ça ne te concerne pas. Tu as séché les cours pour venir ici ? Tu ne pouvais pas téléphoner ?

Tu bous de l'intérieur, mais tu vois quelques voisins se tourner vers vous avec curiosité. Tu tentes de parler calmement, ou du moins, sans élever la voix.

– Arthur ne va pas bien.

– Tu n'es pas là pour savoir ce qu'il se passe, Alex. Arthur a des troubles du comportement depuis quelque temps. Nous sommes même allés voir un psychologue, si tu veux tout savoir. Il nous a conseillé de le laisser dans une pièce sombre et silencieuse à chaque fois qu'il fait une crise. On a essayé le placard un jour, parce que rien d'autre ne pouvait le calmer. C'est la seule chose qui fonctionne.

Tu n'en reviens pas. Si cette histoire est vraie, alors pourquoi ton père ne t'a-t-il pas appelé pour t'expliquer tout ça ?

– Je ne comprends pas. À Noël, il allait très bien...

Ton père pousse un soupir et se passe une main sur le visage.

– Alex, il vaut mieux que tu partes. Arthur va encore s'exciter pour rien si tu restes dans les parages. On a la situation bien en main. Je te tiendrai au courant, mais rentre chez toi.

Arthur ouvre la porte et passe son visage dans l'ouverture. Il te regarde avec des yeux suppliants. Mais ton père insiste, lui aussi. Tu finis par obéir et rappeler un taxi.

Alors que la voiture démarre juste, tu lèves les yeux vers l'étage de ta maison. Anna t'observe par la fenêtre. Tu ne vois pas très bien à cette distance, mais tu jurerais qu'elle a un grand sourire aux lèvres.

Ton père va désormais se méfier de toi. Tu perds un point de sympathie ! Note-le page 11 et poursuis en **49**.

29

Tu baisses la tête et prends une grande inspiration.

– Je ne sais pas trop, Sylvain. Je crois que j'en ai assez de tout ça. À bien y réfléchir, je vais rentrer, et puis je verrais bien ce qu'il se passe.

Ton ami paraît un peu surpris, mais il respecte ton choix.

– J'ouvrirai l'œil pour toi dans ce cas.

Tu lui adresses une accolade en le remerciant chaleureusement, puis tu rentres chez toi.

La semaine qui suit, tu pleures beaucoup. Tu sèches tous les cours et tu restes à te morfondre dans ta chambre. Tu ne fais absolument rien. Tu ne fais plus aucune recherche sur Anna, tu restes simplement dans ton lit à t'abrutir devant des séries, à regarder la vie des autres pour oublier la tienne. Fatou est très inquiète. Elle vient te voir tout le temps et t'amène des repas auxquels tu touches à peine. Au bout d'une semaine, elle te force à voir un médecin. Le diagnostic tombe vite : tu es en dépression et il te conseille de prendre quelques jours de « vacances » dans une maison de repos. Tu acceptes, car tu n'as plus envie de prendre de décisions par toi-même. Tu as envie de te laisser guider, désormais. Le médecin t'envoie près de la mer, un endroit que tu ne connais pas, et où tu ne connais personne. Ça te fait un peu de bien, mais à chaque coin de rue, tu croises un enfant, et à chaque coin de rue, tu as l'impression de croiser ton petit frère.

Évidemment, tu ne reçois plus aucune nouvelle de ta famille. Sylvain te fait parfois un SMS pour te dire qu'il n'a toujours pas vu Arthur, et qu'il continue de croiser Anna et ton père.

Un jour, il te demande s'il doit appeler la police.

Si tu veux qu'il le fasse, rends-toi en **106**, sinon poursuis ta lecture en **156**.

30

Tu t'arrêtes sur place, en attendant d'entendre le jet de la douche, puis tu rejoins la chambre d'Anna aussi discrètement que possible.

Comme la veille, elle est impeccable. Le lit est déjà fait et des vêtements, soigneusement pliés, ont été posés dessus. Tu commences par t'approcher de la Bible que tu avais repérée la veille. Tu l'ouvres et constates qu'elle contient beaucoup d'annotations, sur quasiment toutes les pages. Tu ne prends pas le temps de les lire et tu attrapes la poupée de chiffon. Elle représente un garçon aux cheveux bruns. Puis tu files au bureau pour regarder plus attentivement le carnet. Sur les premières pages, il n'y a que des silhouettes sans visage : un homme, une femme et une petite fille. Puis, sur la page suivante, un autoportrait d'Anna dont le visage est cette fois complet. Tu la reconnais tout de suite, car il faut bien l'avouer, cette fille est très douée en dessin. Puis, sur les pages suivantes, des esquisses d'objets divers, tous de couleur marronâtre, et enfin, un portrait d'Arthur, puis un autre de ton père, tout à la fin. Tout comme l'autoportrait, ils ont bien des yeux et une bouche. Tu ne peux t'empêcher d'avoir le sourire : Anna semble avoir trouvé un équilibre dans votre famille.

– Qu'est-ce que tu fais là ?

Tu refermes le carnet dans un sursaut. Anna est sur le seuil de sa chambre, enroulée dans une serviette, les cheveux dégoulinants. Tu ne peux t'empêcher de remarquer qu'elle a plus de poitrine que ce que tu avais imaginé.

– Je... je cherchais une paire de gants pour jouer avec Arthur dans la neige. On rangeait les affaires d'hiver ici avant...

Anna alterne son regard entre toi et le carnet. Ses yeux sont glaçants. Tu n'attends pas sa réponse et tu sors immédiatement.

– Pardon, je vais demander à Papa.

Tu refermes vivement la porte derrière toi et tu files dans le salon pour laisser le plus de distance possible entre Anna et toi.

– Alex ! Viens, il y a plein de neige ! s'exclame Arthur en enfilant ses bottes.

Si tu veux jouer avec Arthur dans la neige dès maintenant, poursuis en **10**. Tu peux aussi reprendre ta lecture du livre prêté par Anna dans ta chambre, en **51**.

31

Tu profites du fait que ton père ne soit pas là pour te détendre un peu. Tu fais moins attention aux fenêtres et tu joues avec Sylvain et Nalah une partie de la matinée.

– Après sa sieste, je vais l'emmener au parc pour qu'elle se défoule un peu, dit Sylvain. Mais mon ami Maxime, le policier, m'a dit qu'il pouvait passer te voir cet après-midi. Comme ça, vous serez tranquilles.

Ce planning te convient parfaitement. Tu as hâte de savoir ce qu'il va te dire. L'après-midi est heureusement vite là et Maxime arrive. Sylvain lui ouvre, puis il sort au parc avec Nalah.

– Je suis désolé, je viens un peu les mains dans les poches, mais je ne pouvais rien prendre avec moi.

Maxime sort tout de même un calepin de sa veste et commence à t'expliquer.

– Je n'ai pas bien compris pourquoi tu t'intéressais à Anne Barot. Elle aurait plus de 30 ans aujourd'hui, mais elle a de toute façon disparu sans laisser de traces. Ses parents et sa petite sœur sont morts assassinés dans leur maison. Anne avait dû tout voir, car on l'a retrouvée sur place. Mais le pire, c'est que la mort des autres membres de la famille a été estimée à quarante-huit heures avant qu'on les ait retrouvés. Anne est donc restée deux jours chez elle près de trois cadavres ! Elle était en état de choc et n'a jamais dit un mot à la police ni à quiconque. On ne lui a trouvé aucune famille et elle a fini en foyer. Elle y est restée à peine deux semaines avant de fuguer. La police ne l'a jamais retrouvée.

Maxime marque une pause, le temps que tu assimiles le tout. Tu réfléchis un moment. Effectivement, pour l'instant, le lien avec Anna est ténu. Puis Maxime sort autre chose de sa poche.

– J'ai retrouvé une photo des trois victimes, mais aucune d'Anne Barot.

Tu sursautes en voyant les trois visages. Tu les as déjà vus. Le problème, c'est que tu ne te souviens plus où.

– On a parlé de cette histoire récemment, dans la presse, ou autre ?

– Non, c'est un *cold case*. Une enquête jamais résolue, aucune interpellation, le néant total. Ne me dis pas que tu reconnais ces gens ?

– J'ai l'impression de les avoir déjà vus, mais je ne sais pas où. C'est vraiment étrange…

– Peut-être dans une série. On ne voit que ça en ce moment, des histoires de meurtres. Mais il n'y aurait pas grand-chose à dire sur cette affaire, il n'y avait vraiment aucun indice.

– Et sur Anne Barot alors, rien du tout ?

– Non. Je n'en sais pas plus que toi, désolé.

Tu regardes tes mains posées sur tes genoux. Tu as vraiment l'impression de faire du sur-place.

Maxime propose que vous échangiez vos numéros si jamais l'un de vous découvre autre chose. Tu enregistres le sien et lui fais un SMS, tandis qu'il reprend la parole.

– J'aimerais t'aider davantage, mais je ne vois pas trop comment.

Tu te doutes bien que, sans mandat, Maxime ne pourra pas rentrer chez toi pour chercher Arthur. Et tu n'en es pas encore là, de toute manière. Pour autant, tu te dis qu'il pourrait toujours passer voir ton père pour lui poser des questions. Mais s'il apprenait que tu as appelé la police, il serait peut-être encore moins coopératif avec toi. Tu ne sais plus vraiment quoi faire.

Si tu veux proposer à Maxime d'aller voir ton père, rends-toi en **59**. Si tu préfères ne pas en parler et continuer à espionner la maison toi-même, poursuis en **104**.

32

Tu appelles sur le portable de Sylvain, mais il ne répond pas. Tu lui fais donc un SMS :

> Salut ! Est-ce que tu as des news de ma famille ? Personne ne répond au téléphone depuis deux semaines…

– Bon, moi, j'y vais, s'exclame Fatou en sortant de sa chambre. Ça ira ? Je peux rester ce week-end sinon.

– Non, non, va voir ton mec. Profite !

Ton amie se dirige vers la porte, puis elle se retourne d'un bond.

– Tiens, sous la douche, j'ai pensé que tu pouvais appeler l'école de ton frère, non ?

Mais bien sûr ! Pourquoi ne pas y avoir pensé plus tôt ! Ils auront forcément des nouvelles de lui, et ils pourront peut-être t'expliquer pourquoi ton père ne répond pas à tes appels.

Tu accordes un franc sourire à Fatou en la rejoignant dans l'entrée.

– N'hésite pas à me dire si ça ne va pas. Fredo n'habite qu'à une heure d'ici, je peux revenir en un éclair !

– C'est gentil, mais ça ira, ne t'inquiète pas.

Tu attends que Fatou disparaisse dans les escaliers de votre immeuble, puis tu retournes t'installer dans le salon pour réfléchir à tes options.

Si tu veux appeler l'école d'Arthur, poursuis en **120**. Si tu en as assez d'attendre, tu peux aussi filer directement chez toi, en **55**.

33

– On ouvre les cadeaux tout de suite ?

– Oui ! s'exclame Arthur en quittant déjà la chaise sur laquelle il venait de s'asseoir.

Ton père échange un regard avec Anna, qui n'a pas dit un mot et reste parfaitement droite sur sa chaise.

– Je ne crois pas, Arthur, dit ton père. Reviens t'asseoir.

Le petit garçon soupire, mais obéit.

– La tradition veut qu'on ouvre les cadeaux après le dessert, Alex, dit Anna avec son sourire qui commence déjà à t'énerver.

Tu te demandes bien à quelle tradition elle fait référence. Dans la famille, ça vous est déjà arrivé d'ouvrir les cadeaux avant, voire même au milieu du repas. Mais tu préfères changer de sujet pour raconter comment a commencé ton premier semestre. Au bout d'un moment, tu constates que personne n'est vraiment en train de t'écouter. Anna te regarde, mais il n'y a aucune expression sur son visage, Arthur alterne son regard entre son assiette et les cadeaux sous le sapin, et ton père semble complètement ailleurs.

Tu finis par te taire, toi aussi, puis tu pars couper la bûche dans la cuisine. À ton retour, Anna et ton père sont en train de rire, mais ils s'arrêtent en te voyant.

La bûche terminée, Arthur se tourne vers ton père pour lui demander s'il peut sortir de table. Tu ne l'avais encore jamais vu faire ça ! Décidément, bien des choses ont changé dans cette maison...

Ton petit frère se charge alors de remettre ses cadeaux à chaque membre de la famille, en lisant les noms inscrits sur les paquets.

– Alex ? C'est lequel pour Anna ?

Si tu as coché le jouet chat page 11, rends-toi en **21**, si tu as pris l'écharpe, continue en **53**, et si tu as prévu le livre, poursuis en **71**.

34

Ça te fend le cœur, mais tu préfères ne pas te montrer tout de suite à Arthur. Tu as trop peur qu'il te fasse repérer. Tu t'avances en veillant à ce que la lumière soit toujours sur lui pour l'éblouir, puis tu te caches derrière une pile de cartons. Tu prends une longue inspiration pour te donner du courage avant d'éteindre la lumière. Arthur ne réagit pas, et bientôt, il se met à respirer plus fort. Tu supposes qu'il s'est endormi. Tu attends là durant de longues minutes. Tu n'entends rien de ce qu'il se passe en haut.

Tu profites de cette pause pour regarder ton téléphone, en veillant à ce qu'Arthur ne puisse pas voir la lumière. Tu as des dizaines de SMS de Sylvain. Tu l'avais un peu oublié, mais il doit être mort d'inquiétude. Tu découvres d'ailleurs avec horreur qu'il t'a envoyé « Je m'en fiche, je viens ! » il y a quelques minutes. Tu essaies de l'appeler, mais il ne décroche pas. Le stress monte. Et s'il lui arrivait quelque chose, à lui aussi ? Tu t'en voudrais tellement !

Ce n'est qu'au bout d'une vingtaine de minutes, qui te paraissent interminables, que Sylvain te rappelle. Tu décroches mais tu parles tout bas de façon presque imperceptible.

– Allo ?

– Alex ! Tu vas bien ? T'es où ?

– Ça va, ça va. J'ai trouvé Arthur. Je suis dans la cave avec lui.

– Quoi ? Ton père t'a enfermé·e ?

– Non, non.

Arthur se met à remuer. Tu raccroches au nez de Sylvain et tu verrouilles ton téléphone.

– Papa ? demande à nouveau le petit garçon.

Tu ne fais plus un bruit et tu gardes ton téléphone serré contre toi pour cacher la lumière : Sylvain est déjà en train de te rappeler.

Arthur se met à pleurer.

– Papa ! Promis, je serai sage. Donne-moi à boire, s'il te plaît ! Papa !

Tu te remets à pleurer, toi aussi.

Si tu veux encore attendre, continue ta lecture en **133**. Si tu préfères appeler la police, va en **149**. Enfin, si tu souhaites chercher des éléments qui te permettront de comprendre pourquoi Arthur est dans un tel état, tu peux retourner au rez-de-chaussée regarder le prospectus sur le bureau de ton père, en **50**, ou aller au 1er étage, en **54**.

35

Tu cherches le nom d'Anna Barat sur Internet. Rien de convaincant sur les premières pages. Tu es sur le point de laisser tomber lorsque tu trouves un article qui date d'il y a bientôt vingt ans.

LE TEMPS

31 janvier 2004

Drame dans le petit village de Soufia ce matin. Un couple et leur petite fille âgée de 7 ans ont été retrouvés morts dans leur maison ce dimanche 28 janvier. Les policiers n'ont trouvé aucune trace du meurtrier, mais ils sont formels : c'est bien un assassinat. « Une famille à problème », commente une voisine, « le père était alcoolique, et la mère, on ne la voyait jamais. Elle ne devait pas être mieux. Ils étaient sûrement dans des magouilles ». Magouilles ou non, les policiers comptent bien retrouver le coupable. « Aucune piste sérieuse » a commenté le procureur ce matin.

Il y a pourtant une survivante à ce drame. Anne, la seconde fille du couple Barot, était dans la maison au moment des faits. Mais elle est encore sous le choc et n'a pas dit un mot depuis qu'elle a été retrouvée seule dans sa chambre, en train de pleurer. «Après un traumatisme comme celui-ci, ce n'est pas étonnant qu'Anne ait perdu la parole. Je fais mon possible pour instaurer un lien de confiance et la faire parler. L'enquête devrait avancer à ce moment-là, mais il ne faut pas la brusquer », a commenté une psychologue bénévole de la cellule psychologique qui a pris en charge l'enfant.

Les dates ne correspondent pas, les noms pas vraiment non plus. Pourtant, tu as comme un étrange pressentiment. Tu mets l'article de côté pour le moment. Tu le regarderas de plus près si tu ne trouves rien de mieux.

Si tu veux poursuivre tes recherches sur les autres filles de la liste, rends-toi à l'un de ces paragraphes : Rivin en 141, Scorzi en 122, Giraud en 109 ou Martin en 99. Si tu as déjà regardé toutes les filles, poursuis en 107.

36

Le lendemain, tu es réveillé·e par un moteur qui vrombit dans la rue. Tu as juste le temps de te lever et de regarder à la fenêtre pour voir un camion de déménagement s'éloigner. Tu vois Anna et ton père, dans la voiture pleine de bagages, quitter l'allée et suivre le camion. Tu mets encore quelques secondes à réaliser. Le camion est pour eux !

Tu oublies toute prudence pour courir jusque chez toi. Sylvain, qui venait tout juste de sortir avec Nalah en poussette, probablement pour chercher du pain, te suit d'un pas rapide, en poussant la fillette devant lui.

– Que se passe-t-il ? crie-t-il derrière toi.

Tu ne réponds pas et tu te jettes sur la porte d'entrée. Elle est restée ouverte. À l'intérieur, tu constates qu'il n'y a plus rien : pas un meuble, pas un bibelot. Les déménageurs ont vidé toute la maison durant la nuit. Tu grimpes les escaliers quatre à quatre. C'est la même chose à l'étage : même ta chambre et celle d'Arthur ont été totalement vidées.

Continue en **115**.

37

Tu refermes la porte de la cave derrière vous et tu ouvres celle du bureau. Anna est là, à regarder quelque chose sur l'ordinateur de ton père. Elle est d'abord surprise, puis elle se met à sourire.

– Les oiseaux quittent le nid ? demande-t-elle avec un regard terrifiant.

Arthur se met à gémir. Tu le poses près d'un mur pour qu'il puisse s'y adosser, sans lâcher Anna du regard. Puis tu fermes le bureau à clé. Si ton père est dans les parages, il ne pourra pas rappliquer. C'est entre elle et toi maintenant.

Anna ouvre un tiroir du bureau en te regardant elle aussi. Tu tires vivement un gros vase en verre d'un carton posé par terre et tu te places devant Arthur. Tu te sens comme une lionne qui doit protéger son petit. Tu es prêt·e à tout. Tu n'hésiteras pas à frapper Anna s'il le faut.

La jeune fille n'a pas l'air inquiète pour autant. Elle tire un coupe-papier du tiroir et contourne doucement le bureau. Mais elle a fait une erreur : elle est passée du côté du mur. Tu chuchotes à Arthur d'ouvrir la fenêtre, puis tu te jettes sur elle. Elle pousse un cri de rage et te plante le coupe-papier dans l'épaule, tandis que tu fracasses le vase sur son crâne. Le vase explose, et Anna tombe au sol, évanouie. Tu chancelles et tu t'appuies contre le bureau.

– Anna ?

Ton père s'est précipité dans le couloir. Il est déjà en train d'essayer d'ouvrir la porte. Arthur est devant la fenêtre, grande ouverte, en pleurs. Il voudrait te rejoindre mais il n'arrive toujours pas à marcher.

– Anna ! Ouvre ! crie ton père derrière la porte.

Tu te relèves péniblement. Tu as toujours le coupe-papier dans l'épaule, mais tu n'oses pas le retirer. Tu rejoins Arthur à la fenêtre et tu l'aides à passer de l'autre côté.

Tu passes une première jambe et ta tête par la fenêtre, tandis que ton père donne de violents coups dans la porte. Soudain, quelque chose t'agrippe le pied. C'est Anna. Elle a rampé jusqu'à toi. Elle a la tête en sang et des morceaux de verre sont encore plantés dans son crâne et son visage. Elle hurle de colère. Tu donnes de violents coups de pied pour qu'elle lâche prise, mais elle tient bon. Soudain, tu sens une présence à côté de toi, et tu vois une pelle passer à travers la fenêtre et se planter au milieu du visage d'Anna. Tu pousses un cri d'horreur, puis tu tires vivement ta jambe hors de la pièce. Sylvain, quant à lui, retire la pelle et la jette à côté de vous, puis il ferme violemment la fenêtre sur les doigts de ton père, qui venait juste d'entrer dans le bureau.

– Cours ! dit-il tout en attrapant Arthur pour le jeter sur son dos.

Il n'a pas à te le dire deux fois ! Vous courez de toutes vos forces pour contourner la maison. Vous rejoignez la voiture des parents de Sylvain sans un regard en arrière.

– Prends le volant ! crie-t-il en ouvrant la porte arrière.

Une fois dans la voiture, ton ami te remet les clés et reste à l'arrière avec Arthur.

Alors que tu fais une marche arrière pour quitter l'allée, tu vois ton père sortir de chez vous. Tu ne réfléchis pas et tu appuies sur l'accélérateur, pied au plancher. Vous quittez la rue à vive allure, puis tu tournes à gauche. Tu conduis ainsi durant plusieurs minutes, les mains crispées sur le volant. Tu ne sais pas où tu vas : tu continues tout droit sur la route principale de votre petite ville, cherchant à mettre le plus de kilomètres possibles entre ton père et vous. Tu n'entends plus rien, tu ne vois plus rien. C'est finalement une sirène qui te sort de ta torpeur. Une voiture de police vous suit avec les gyrophares allumés. Tu ne réagis que lorsque Sylvain te crie de t'arrêter. Tu t'exécutes et vous levez vos mains.

Tout en vous tenant en joue, les policiers vous demandent de sortir. En voyant votre état, à Arthur et toi, ils vous embarquent tous les trois pour vous emmener à l'hôpital.

Sylvain attend que tu aies été soigné·e et installé·e dans une chambre pour te raconter tout ce qu'il s'est passé avant qu'il ne vous retrouve.

– J'ai posé Nalah chez une voisine pour aller sonner chez toi, puisque tu ne répondais pas au téléphone.

J'étais vraiment inquiet. Ton père m'a ouvert, mais il s'est vite débarrassé de moi et, à travers la fenêtre, je l'ai vu retourner dans ton salon. Je suis donc rentré chez moi, et j'ai encore essayé de t'appeler, puis j'ai contacté Maxime. Il m'a dit qu'il demanderait à ses collègues de patrouiller dans le coin, mais qu'il ne pouvait pas faire beaucoup plus. En attendant les flics, je suis ressorti et j'ai traîné autour de chez toi. J'essayais de voir ce qu'il se passait à travers les fenêtres. Puis j'ai fini par voir ton frère ouvrir la fenêtre du bureau, et tu connais la suite.

Tu repenses au coup de pelle et tu secoues la tête pour chasser cette image. Vu la tête de Sylvain, tu constates qu'il y pense, lui aussi.

– J'ai aussi pu parler aux policiers qui nous ont amenés ici, poursuit-il pour briser votre silence gêné. Comme on le leur a demandé, ils ont immédiatement fait venir des renforts chez toi. Mais ton père et Anna s'étaient déjà volatilisés. Maxime m'a dit qu'ils étaient en train de chercher leur voiture. Je ne sais pas si Anna est encore… vivante.

Tu vois bien que ton ami se sent très mal. Tu poses une main sur son épaule.

– Tu as fait ce qu'il fallait Sylvain. Sans toi, je ne sais pas si Arthur et moi serions encore de ce monde. D'ailleurs, merci.

Continue en **15**.

38

– Alex ! Alex, réveille-toi !

Des petites mains t'agrippent, te frappent, te pincent.

– Alex !

Tu reconnais soudain la voix de ton frère, et tu ouvres les yeux. Il fait très sombre, mais tu le reconnais. C'est bien Arthur qui se tient agenouillé près de toi, en pleurs. Tu te redresses péniblement sur un coude pour le prendre dans tes bras.

– J'ai cru que t'étais mort·e ! crie Arthur en pleurant.

Tu le serres très fort contre toi. Tu sens qu'il n'est plus le même. Ce n'est qu'un petit corps fragile qui n'arrive pas à te serrer très fort comme il le faisait pourtant il y a encore quelques semaines. Tu ne veux plus le lâcher, mais tu recules tout de même pour le regarder. Il est tout sale et très maigre.

– Qu'est-ce qui t'est arrivé ?

Il ne répond pas. Il ne cesse de pleurer. Tu te souviens soudain d'Anna et de ton père.

– On est où ? demandes-tu en repoussant légèrement Arthur.

– Dans la cave, murmure-t-il en essuyant sa joue. Pourquoi t'es pas venu·e avant ? Maintenant, on est coincés tous les deux.

Tu regardes autour de toi. Dans la pénombre, tu distingues plusieurs objets de ton enfance, que tu n'avais pas vus depuis longtemps. C'est bien ta cave. Mais

Arthur et toi êtes dans une cage pour chien à peine assez grande pour vous deux.

Tu es tellement sous le choc que tu mets encore plusieurs minutes à comprendre l'étendue du problème. Dans cette cage, il n'y a qu'un seau, rempli des déjections de ton petit frère, et un bol vide, qui devait contenir de l'eau. Tu plisses les yeux pour mieux voir, mais rien, il n'y a rien d'autre ici. Tu secoues la cage, tu tapes, tu grattes, tu frappes, mais rien n'y fait. Il n'y a aucun moyen de sortir.

Arthur continue à pleurer et à répéter « on est coincés ». Alors tu te mets à hurler, mais vous semblez être seuls au monde. Personne ne vient, et personne ne viendra.

Ton histoire s'arrête là. Tu n'as pas pris les meilleures décisions ! En plus de ne pas avoir récupéré ton frère, tu t'es retrouvé·e dans la même situation que lui et sans aucune explication. Reprends ton aventure au début pour essayer d'obtenir une fin plus positive cette fois !

39

Tu rejoins le bureau d'un pas mal assuré, sentant toujours les yeux d'Anna sur ta nuque.

– Ah ! Tu dessines ? demandes-tu en ouvrant le carnet de croquis.

Il y a effectivement plusieurs dessins, très bien faits d'ailleurs, mais qui semblent ne représenter que des personnes sans visage.

– Oui, j'aime bien dessiner, répond simplement Anna.

– C'est un courant artistique particulier, ces personnages sans yeux ni bouche ?

Anna pousse un soupir et se place à tes côtés.

– Non. Ce n'est que mon imagination.

Elle referme le carnet pour te faire comprendre qu'elle ne veut pas plus en parler.

Tu t'étonnes de la voir si discrète, alors que c'est elle qui a voulu te montrer sa chambre, à la base.

Tu observes encore les lieux, te demandant quoi faire ensuite.

Si tu veux t'approcher de la poupée de chiffon, poursuis en **6**. Si tu préfères jeter un œil à la Bible sur la table de chevet d'Anna, continue en **143**. Tu peux aussi poser des questions à Anna sur son passé, en **47**, ou bien quitter la chambre pour rejoindre la tienne, en **129**.

40

Tu rejoins la porte de la cave avec le plus de précaution possible et tu l'ouvres sans problème. Tu ranges la clé dans ta poche tout en te disant qu'il vaut mieux ne pas éclairer la pièce. Tu utilises donc la lumière de ton téléphone pour ne pas tomber dans les escaliers. Tu n'es pas encore arrivé·e en bas des marches que tu entends une voix.

– Papa ?

C'est la voix d'Arthur ! Tu sens ton cœur battre plus fort dans ta poitrine.

Si tu as laissé Anna assommée dans le couloir sans l'attacher, rends-toi en **11**. Sinon, poursuis ta lecture en **16**.

41

Le soir, ton ami d'enfance revient avec Maxime. Tu demandes au policier s'il a des nouvelles de ton père.

– Il risque au moins cinq ans de prison pour maltraitance sur mineur de moins de 15 ans.

Tu restes pensif·ve. Tu as encore du mal à comprendre ce qui a pris ton père. Lui qui était si tendre avec vous du vivant de votre mère. Tu es persuadé·e qu'Anna, et peut-être d'autres personnes, lui ont complètement retourné le cerveau. Mais ce ne sont que des suppositions, et tu n'as absolument aucune preuve.

– Vous n'avez rien trouvé dans sa boîte mail depuis que je vous ai donné les codes ? demandes-tu tout de même.

– Non, rien de particulier. Mais quelqu'un a pu effacer des mails entre-temps.

Le mystère reste donc entier pour le moment.

Si tu as récupéré des dessins d'Anna dans la maison, coche la case correspondante en page 11 etpoursuis ta lecture ci-dessous. Sinon, rends-toi en **78**.

– Quant à Anna…

Tu es tout ouïe.

– On n'a retrouvé aucune trace d'elle. Mais… on a quand même découvert quelque chose à son sujet. Tu avais raison de la trouver bizarre. Les dessins que tu m'as remis, ils correspondent effectivement à la famille Barot. Ça paraît fou, mais j'ai récupéré des cheveux d'Anna chez vous. On a eu les résultats ADN ce matin : elle est la fille du couple décédé. C'est bien Anne Barot, une femme de 35 ans !

Tu gardes la bouche ouverte, complètement choqué·e. Tu vois Sylvain et Fatou échanger un regard. Ils sont dans le même état que toi.

– L'enquête a été rouverte, vingt ans après. On n'a pas encore de preuves, mais Anna, ou plutôt Anne, est devenue notre suspecte n° 1 dans cette affaire.

Ton histoire s'arrête là. Tu as réussi à sauver ton frère, et, suivant le chemin que tu as pris, ton père est hors d'état de nuire. Bravo ! Mais Anna court toujours, et elle fera peut-être d'autres victimes. Si tu veux, tu peux recommencer au début et essayer d'autres chemins pour obtenir une meilleure fin, avec Anna derrière les barreaux !

42

– Anna, je crois qu'Arthur a peur. Tu devrais pousser un peu moins fort.

Ton père pose une main sur ton épaule.

– Ne t'inquiète pas, Alex, elle sait ce qu'elle fait.

– Tu peux quand même aller un peu moins fort ? demande Arthur d'une petite voix.

Anna le pousse encore une ou deux fois avec la même force, en te regardant, puis elle réduit finalement le rythme. Elle ne sourit plus.

Apparemment, ça ne lui a pas plu, penses-tu en te tournant pour observer le reste du parc.

Poursuis ta lecture en **127**.

43

Tu choisis de prendre l'objet le plus proche, la lampe. Tu te baisses doucement pour débrancher le câble.

– Que fais-tu ? demande Anna en se tournant vers toi. Elle avance d'un pas. Tu prends peur et tu attrapes la lampe, mais le câble s'enroule autour de ton bras. Le temps de te dégager, Anna a déjà fondu sur toi, et elle te plante le tournevis dans la gorge en poussant un hurlement.

Tu tombes lourdement au sol. Anna se jette sur toi et te donne encore d'autres coups. Tu la regardes, terrifié·e. Ce n'est plus un être humain, c'est un véritable monstre, les yeux exorbités par la haine.

Anna t'assènera cinquante-huit coups de tournevis, mais tu mourras au vingt-deuxième. Tu as échoué·e. Non seulement tu n'as pas retrouvé Arthur, mais en plus tu t'es fait assassiner. Recommence l'histoire au début, en tâchant de faire de meilleurs choix.

44

Le reste de l'après-midi te semble interminable. Sylvain et toi tournez en rond dans le salon, incapables de vous mettre devant un film ou un jeu de société. Vous restez tous les deux près de la fenêtre à attendre. Vers 17 heures, ton père rentre enfin du travail. Tu n'attends pas de le voir sortir de la voiture pour appeler Maxime.

Sylvain, Nalah et toi montez ensuite dans la chambre des parents, lumière éteinte, pour observer la scène.

Le policier arrive une vingtaine de minutes plus tard, avec un collègue. Tu les vois sonner à la porte, puis discuter avec ton père. Ce dernier semble d'abord surpris. Il jette un œil à la maison de Sylvain. Il ne peut pas te voir dans la pénombre, mais tu te recules tout de même d'un bond.

– Ton père se met en colère, commente Sylvain.

Tu reviens à la fenêtre. Tu vois Maxime montrer quelque chose du doigt dans l'embrasure de la porte. Ça ne plaît pas à ton père, qui referme derrière lui pour les empêcher de regarder à l'intérieur. Puis il fait des gestes pour demander aux policiers de partir. Ils s'exécutent.

La voiture de police a à peine tourné au coin de la rue que tu reçois un appel de Maxime.

– Ton père affirme que son fils est à l'hôpital. Je sais qu'il ment, puisque je les ai tous appelés, les hôpitaux ! Selon lui, le bruit dans le babyphone est forcément venu d'un autre voisin. Je crois qu'il a compris que c'était chez vous que la fréquence a été entendue. Ne bougez pas d'ici et ne lui ouvrez surtout pas s'il vient vous voir. J'ai l'impression que ça l'a vraiment mis en colère. De mon côté, je vais demander un mandat de perquisition.

Tu vois que Sylvain est bientôt aussi tendu que toi.

– Heureusement que mes parents reviennent demain soir.

Au moment d'aller vous coucher, ton ami te propose de dormir dans sa chambre sur un matelas par terre, comme quand vous étiez plus jeunes. Ça vous rassure d'être à deux, mais vous mettez des heures à vous endormir.

Continue en **36**.

45

Tu prends le temps de terminer ton café avant d'appeler la maison. Le téléphone sonne dans le vide. Tu commences à avoir l'habitude ! Tu essaies encore le portable de ton père, sans succès. Finalement, tu te résignes à lui envoyer un SMS :

> C'était juste pour prendre des nouvelles. Rappelle-moi.

Tu te demandes soudain si Anna n'a pas un portable. Tu ne l'as jamais vue avec, mais ça vaudrait peut-être le coup de demander, la prochaine fois. Elle répondrait peut-être, elle !

Résigné·e, tu retournes dans ta chambre et passes le reste de la journée sous la couette.

Poursuis en **144**.

46

Tu reviens immédiatement en arrière. Tu es presque arrivé·e au pied des escaliers quand Anna surgit du salon. Elle prend un maximum de place dans le couloir : bras et jambes écartées, épaules rentrées. Elle a la tête légèrement baissée et lève des yeux noirs vers toi. En te voyant ainsi bloqué·e dans le couloir, son expression change. Elle passe de la colère à l'amusement, à nouveau.

– Je vais t'attraper...

Elle parle comme une enfant, mais avec une voix terrifiante. Tu n'en reviens pas d'avoir si peur d'une gamine de presque dix ans de moins que toi ! Tu n'arriveras pas à passer de ce côté. Elle a une arme, et toi tu n'as rien. Tu recules doucement, mais Anna avance à la même allure. Finalement, tu lui tournes le dos et tu te mets à courir pour rejoindre le bureau de ton père. Tu veux claquer la porte derrière toi, mais Anna est déjà là et la bloque du pied. Tu te précipites vers la fenêtre, mais le temps de la soulever, Anna t'a rejoint. Elle te pousse de toutes ses forces pour te faire perdre l'équilibre. Elle n'y arrive pas, mais tes mains glissent de la fenêtre, qu'elle referme violemment sur tes doigts. Tu hurles de douleur.

– Touché·e ! C'est toi le chat ! dit-elle en t'enfonçant le tournevis dans l'épaule.

Si seulement elle s'arrêtait là... mais elle continue, encore et encore, à te ruer de coups. Elle ne te laisse aucun répit, si bien que tu ne vois rien qui puisse t'aider. Tu souffres le martyre, tu sens le sang couler sur tes bras, ta poitrine. À bout de force, tu tombes à côté du bureau, tout en essayant d'agripper quelque chose. Tout ce que tu parviens à attraper, c'est un stylo. Tu essaies de frapper Anna avec, mais elle retient ta main.

– Tu préfères ça ? demande-t-elle en récupérant le stylo. Parfait, j'aime les challenges !

Anna s'en donne effectivement à cœur joie ! Elle te frappe de plus belle en t'enfonçant la mine du stylo dans le buste, puis dans le visage. Tu hurles durant des minutes qui te paraissent des heures, puis tu finis par perdre connaissance, et ton cœur lâche.

C'est fini. Si tu avais fait de meilleurs choix,
peut-être aurais-tu retrouvé Arthur et vaincu Anna.
Tu n'as plus qu'à tout recommencer du début
pour tenter d'obtenir une meilleure fin !

47

Tu t'assois aux côtés d'Anna sur le lit.

– Dis-moi, Anna, on n'en a pas encore parlé, mais ça fait longtemps que tu es… toute seule ?

Anna fronce les sourcils comme si elle ne comprenait pas ce que tu disais.

– Je ne suis pas seule, je vis avec Arthur et Papa.

Décidément, tu as du mal avec le mot « Papa » dans sa bouche. Tu te racles la gorge en cherchant une autre formulation.

– Je veux dire… tu les connais, tes parents biologiques ?

Le regard d'Anna se noircit soudain et elle se met à parler tout en regardant le mur vide, comme si elle décrivait de vieilles photos qui y seraient accrochées.

– Je les ai connus, oui. Mais j'aurais préféré que ce ne soit pas le cas. Je suis née dans une famille très pauvre. Mon géniteur était alcoolique. Il frappait ma génitrice. Et ils nous tapaient toutes les deux, ma sœur et moi. Mais c'est une vie on ne peut plus classique pour une orpheline. Je m'en suis remise. Et ils ne feront plus de mal à personne, désormais. Et puis, maintenant, j'ai une vraie famille.

Tu as encore beaucoup de questions, mais tu sens qu'Anna n'a pas vraiment envie d'en parler. Tu as beau la trouver très étrange, tu ressens soudain un élan d'affection pour elle. Tu as envie de poser une main sur les siennes, mais tu n'oses pas. Pourtant, il faut que tu lui laisses une chance. Après tout ce qu'elle a vécu, ça semble normal qu'elle soit si… bizarre.

– Oui, nous sommes ta famille désormais, dis-tu avec un sourire plein de bienveillance.

– Je voulais parler de Papa et Arthur. Toi, tu ne seras jamais vraiment là, si j'ai bien compris.

Tu gardes ton sourire, bien qu'il devienne un peu crispé, et tu dois te racler la gorge pour parvenir à murmurer : « Oui, c'est vrai », avant de te relever du lit.

Tu évites le regard d'Anna pour qu'elle ne devine pas ta gêne et tu regardes la pièce.

Si tu veux t'approcher de la poupée de chiffon, poursuis en **6**. Si tu préfères jeter un œil à la Bible sur la table de chevet d'Anna, continue en **143**. Tu peux aussi regarder le carnet sur le bureau, en **39**. Enfin, tu peux quitter la chambre pour rejoindre la tienne, en **129**.

48

Tu reposes l'objet en poussant un soupir. Anna a l'air bien assommée, mais elle pourrait se réveiller.

Si tu veux filer dans la buanderie pour chercher de quoi l'attacher, continue en **152**. Si tu préfères entrer dans le bureau de ton père pour y chercher la clé de la cave, rends-toi en **147**.

49

Plusieurs jours passent sans que tu aies de nouvelles d'Arthur. Au bout d'une semaine, tu te décides donc à appeler ton père sur son portable.

– Alex ! Oui, tout va bien. On est pas mal occupés, c'est tout.

– Occupés à quoi, au juste ?

Ton père soupire avant de te répondre.

– On fait partie d'une association, Anna et moi. On aide quasiment tous les week-ends.

– Et Arthur ?

La voix de ton père se fait encore moins enjouée.

– Ah... Arthur. Il n'arrête pas en ce moment. Je crois qu'il est jaloux que je passe autant de temps avec Anna. Mais elle a du mal à se faire des amis au collège.

Tu m'étonnes ! penses-tu en te remémorant le peu d'interactions que tu as eu avec elle.

– Elle vient juste d'arriver, c'est normal. Anna a juste besoin de rencontrer de nouvelles personnes. Et moi aussi. Enfin bref, tu viens pendant les vacances de février ? Anna et moi devrons peut-être nous absenter pour l'association.

– Mais c'est quel genre d'association ?

– Oh, juste une association parents-enfants. On organise des week-ends, ce genre de choses. Tu pourrais nous garder Arthur pendant une semaine ? On te verra à notre retour la deuxième semaine.

Tu acceptes, ça te fera au moins une semaine tranquille à la maison. Ton père te parle ensuite de la pluie et du beau temps avant de raccrocher. Il a l'air toujours aussi peu intéressé par ta vie à toi. Et tu ne comprends pas pourquoi ils n'emmènent pas Arthur avec eux s'il s'agit d'un week-end « parents-enfants »…

Comme convenu, tu reviens à la maison le premier samedi des vacances de février, en milieu de matinée. Cette fois, Arthur n'est pas en train de guetter ton arrivée. Tu le trouves dans le salon, endormi devant des dessins animés. Tu le réveilles et il t'explique qu'Anna et votre père sont partis la veille au soir, et qu'il n'a pas pu s'empêcher de regarder la télé jusque tard.

– Ils t'ont laissé tout seul toute la nuit ?

– C'est pas la première fois. Mais c'est pas grave, j'aime bien. Je peux manger ce que je veux et je peux regarder la télé.

Tu appelles immédiatement ton père pour lui demander des explications, mais tu tombes directement sur la messagerie.

– Mais qu'est-ce qu'il se passe dans cette maison ?

Tu es furieux·se. Comment ton père peut être aussi irresponsable ?

Heureusement, les jours qui suivent avec Arthur sont une vraie bouffée d'oxygène pour vous deux. Toi qui trouvais ton petit frère un peu pâle en arrivant, il semble retrouver toute sa joie de vivre à tes côtés. Au bout de seulement deux jours, tu as l'impression de revoir le petit frère d'avant. Mais au fond, ça t'inquiète plus qu'autre chose. Arthur n'a encore fait aucune crise de colère. Au contraire, il est même plus sage qu'avant. Il te demande la permission avant de faire quoi que ce soit, et il est très obéissant. Presque trop même.

Tu aimes tellement le voir ainsi calme et joyeux, que tu attends l'après-midi du troisième jour pour lui parler plus sérieusement. Vous êtes en train de sculpter des animaux en pâte à sel quand tu te lances enfin.

– Alors, comment ça se passe avec Anna ?

Arthur reste concentré sur son cochon, mais tu vois son expression changer.

– Ça va... murmure-t-il timidement.

– Je croyais qu'elle n'était pas gentille avec toi.

– Non. Mais Papa dit que c'est parce que je suis pas sage, alors Anna est obligée de me gronder.

– Je te trouve très sage, moi, pourtant.

Arthur lève les yeux et t'adresse un sourire.

– Toi, c'est pas pareil ! J'ai le droit de faire ce que je veux.

– Je n'irais pas jusque-là, réponds-tu, amusé·e.

– Non, mais avec Papa et Anna, faut pas que je parle, faut pas que je bouge. Une fois, ils m'ont grondé parce que j'ai éternué trop fort.

Tu fronces les sourcils en te demandant à quel point Arthur exagère les faits, mais il poursuit.

– Ils disent qu'un gentil garçon est « discret et servable ».

– Serviable ?

– Oui, j'arrive jamais à le dire, répond Arthur dans un soupir.

– Regarde mon cochon ! Il est beau, non ?

Tu n'insistes pas. Tu sens bien que ton frère n'a pas envie de continuer sur le sujet. Il vit dans l'instant, et à cet instant, il s'amuse. Tu décides de ne plus aborder le sujet pour le moment.

Ce n'est que le soir, après avoir lu une histoire de sorcière à Arthur qu'il te pose une drôle de question.

– Tu crois que c'est une sorcière, Anna ?

Tu ne peux retenir un petit rire, mais Arthur prend un air très sérieux.

– Je suis sûr qu'elle a des trucs de sorcière dans sa chambre.

Tu bordes ton frère et lui fais un bisou sur la joue avant de quitter sa chambre. Dans le couloir, tu regardes la porte de celle d'Anna.

Si tu veux aller voir, poursuis ta lecture en **157**. Si tu préfères aller te coucher, rends-toi en **146**.

50

Tu t'assois sur le fauteuil de ton père et tu ouvres le prospectus. À l'intérieur, tu vois le visage d'un prêtre. Il est expliqué que l'association propose aux parents solos des moments conviviaux avec d'autres parents. Ce n'est pas dit clairement, mais tu comprends assez vite que l'objectif de ces rencontres est notamment d'y écouter les conseils avisés du prêtre pour éduquer les enfants. Ça te fait même penser à un camp de redressement pour remettre les enfants « dans la bonne voie », comme c'est écrit dans la brochure.

Tu comprends un peu mieux d'où sont venues ces histoires de mettre Arthur dans le placard. Toi qui pensais que ça venait d'Anna. Elle n'est finalement pas la seule à avoir influencé ton père.

En reposant le prospectus sur le bureau, tu touches involontairement le clavier de l'ordinateur, qui sort de sa veille.

Tu réduis immédiatement la luminosité et tu ne bouges plus pour vérifier que ça n'a pas alerté Anna, mais tu ne l'entends toujours pas.

La boîte mail de ton père est ouverte sur l'écran.

vos enfants seront
pardonnes

Si tu veux chercher des mails de l'association, poursuis en **88**. Si tu préfères filer à la cave, continue en **40**.

51

Tu retournes dans ta chambre et tu t'installes sur le lit pour reprendre ta lecture. La fille de l'histoire, Barbara, aide ses parents à la ferme tous les jours, puis le soir, elle se rend seule à des réunions de prières. La religion qu'elle pratique ressemble beaucoup au catholicisme, mais le prêtre dont parle l'histoire fait plus penser à un gourou qu'autre chose. Effectivement, un dimanche, il appelle ses fidèles à repérer les pécheurs et à les punir pour leurs actions. Barbara se met alors à faire plus attention autour d'elle, et elle constate que ses parents, et même ses deux petits frères, sont des pécheurs.

– Alex ?

Arthur tambourine à la porte et l'ouvre sans attendre de réponse. Il est déjà tout équipé : bonnet, écharpe, bottes, gants et combinaison.

– Tu viens ? Je n'arrive pas à mettre la tête du bonhomme de neige sur son corps.

– Je vais t'aider, dit Anna en arrivant derrière lui. Alex est occupé·e.

Tu te lèves d'un bond.

– Non, non, je viens, pas de soucis !

Continue ta lecture en **10**.

52

Tu ne t'arrêtes pas et tu te diriges directement vers la porte principale. À ta grande surprise, elle est ouverte. Tu as soudain un doute : Anna est-elle partie avec ton père ce matin ? Ou était-il seul ? Tu appuies tout de même sur la poignée, mais tout doucement.

Tu as immédiatement ta réponse : Anna est assise sur l'avant-dernière marche de l'escalier, face à toi. Elle a dans les mains un livret qui te fait penser à un mode d'emploi, et un tournevis à ses pieds. Mais elle a les yeux rivés sur toi.

– Je peux t'aider, Alex ?

Elle te pose la question très calmement, mais tu sens qu'elle est surprise de te voir. Tu la vois aussi jeter des coups d'œil vers le téléphone fixe, juste en bas des marches.

Tu entres doucement et refermes la porte derrière toi.

Quoi que tu décides de faire ensuite, tu perds déjà un point de sympathie pour être entré·e ainsi sans prévenir, note-le en page 11. Anna sait que tu ne viens pas pour lui rendre visite !

Tout en réfléchissant à ce que tu pourrais dire ou faire, tu regardes autour de toi, et tout te semble vide. Les meubles sont toujours là, mais le salon, à ta gauche, est rempli de cartons et toutes les babioles ont disparu. Seul le couloir est tel que tu l'avais laissé.

– Que se passe-t-il ici ?

Anna sourit.

– Tu n'étais pas censé·e voir ça.

Voir ça ? Le fait qu'ils rangent tout dans la maison, comme s'ils allaient déménager alors qu'Arthur est Dieu sait où, peut-être même dans la cave ! La colère monte, et le ton d'Anna t'inquiète, d'autant plus qu'elle continue de zieuter le téléphone. Tu as l'impression de te retrouver face à un animal sauvage qui bondira au moindre geste brusque de ta part. Tu ne tiens pas à ce qu'elle appelle ton père.

Tu pourrais te jeter sur le téléphone pour le débrancher, en 68, ou bien te jeter sur elle directement pour l'empêcher de bouger, en 9. Tu peux aussi ne rien faire et éclaircir cette histoire de déménagement, en 103 ou bien garder ton calme et lui demander gentiment si tu peux juste jeter un œil à la cave, en 93.

53

– C'est le paquet vert ! dis-tu à Arthur.

Tu te sens soudain un peu mieux. L'échange de cadeaux, c'est toujours un super moment, où tout le monde est content. Ça devrait briser un peu la glace. En plus, ton cadeau pour Anna fonctionne aussi bien pour une petite fille de 6 ans que pour une préadolescente. Tu as de la chance !

Ta nouvelle petite sœur ouvre son cadeau avec précaution, puis elle met immédiatement l'écharpe autour de son cou pour l'essayer.

– J'aime beaucoup la couleur, dit-elle sans entrain.

Elle a l'air satisfaite, mais c'est difficile à dire avec son expression qui ne semble pas vouloir changer. Tu notes tout de même qu'elle garde l'écharpe autour du cou durant tout le reste de la soirée.

Plus tard, avant de monter vous coucher, Anna te propose de venir voir sa chambre.

Si tu préfères te coucher tout de suite, rends-toi en **4**. Si tu acceptes la proposition, suis Anna en **20**.

54

En passant dans l'entrée, tu tends l'oreille pour vérifier que personne n'approche, puis tu montes discrètement jusqu'à l'étage. Sur le palier, tu marques un temps. Où pourrais-tu aller ? Tu ouvres d'abord la chambre d'Arthur. Tout a été rangé dans des cartons. Il ne reste plus que son lit et son bureau. Tu secoues la tête, encore sidéré·e par ce déménagement en toute discrétion. Puis tu te demandes s'il n'y aurait pas des choses intéressantes dans la chambre d'Anna. Tu quittes celle de ton frère pour la rejoindre. Une fois à l'intérieur, tu entends à nouveau du bruit : Anna est en train de monter. Elle ne devrait pas te voir si tu te caches sous son lit, mais tu pourrais aussi te mettre dans le placard pour voir ce qu'elle fait si jamais elle passe vraiment par sa chambre.

Si tu veux aller sous le lit, file en **148**. Si tu préfères le placard, rends-toi en **151**.

55

Tu regardes immédiatement les horaires de train. Tu as juste le temps d'attraper le prochain. Durant le trajet, tu réfléchis à toutes les options. Ton père a pu perdre son téléphone… mais le fixe fonctionne, lui. Ou il leur est arrivé quelque chose, à tous… mais Sylvain te l'aurait dit s'il avait vu quelque chose, depuis le temps. Au final, tu ne trouves aucune explication plausible.

Dans le taxi entre la gare et la maison, tu essaies quand même de rappeler le portable de ton père, puis le fixe. Les deux sonnent mais tu tombes sur les répondeurs. Ton père ne pourra pas se plaindre que tu n'as pas essayé de le prévenir !

Tu arrives un peu tard chez toi. Il est passé 22 heures. Pourtant, la voiture de ton père n'est pas là. Tu frappes quand même à la porte, mais personne ne répond. Tout est éteint.

Si tu veux essayer la porte de derrière, poursuis en **117**.
Si tu préfères te rendre chez Sylvain, va en **96**.

56

Tout au fond de ta valise, tu récupères le livre prêté par Anna. Le début ne t'a pas beaucoup intéressé·e, mais tu aimerais comprendre pourquoi elle a tenu à ce que tu le lises. Tu t'installes sur ton lit pour poursuivre ta lecture.

Après avoir entendu le prêtre de sa paroisse dire qu'il fallait punir les pécheurs, Barbara se donne pour mission de repérer tous ceux de son village. Elle prend un jour un garçon de sa classe en flagrant délit en train de voler une pomme chez l'épicier du coin. Barbara se donne donc le droit de le punir, en le frappant avec un caillou. Il s'en sort avec une légère blessure, et le lendemain, elle le voit voler une autre pomme. Cette fois, elle le frappe plusieurs fois avec ce caillou, jusqu'à ce qu'il ne bouge plus.

Tu lèves les yeux un instant. Tu n'en reviens pas que quelqu'un ait pu offrir un tel livre à une fille de 13 ans. Et encore, elle l'a peut-être eu il y a quelques années ! Ce P. F. est au moins aussi louche qu'Anna !

Tu poursuis tout de même ta lecture, désormais pris·e dans l'histoire. Les chapitres suivants racontent comment Barbara se met à « punir » les pécheurs en les assassinant, car c'est selon elle le seul moyen de s'assurer qu'ils ne recommenceront pas leurs méfais. Puis, la fillette se tourne ensuite vers sa famille. Elle tue d'abord ses deux petits frères, puis sa mère et enfin son père. Anna n'avait pas menti sur le pitch de l'histoire ! Le livre se termine peu après. La fillette retourne voir le prêtre pour lui expliquer que les pécheurs ont été punis, mais qu'il en reste encore un. Elle dit l'avoir vu embrasser une femme, alors qu'il avait fait vœu de chasteté. Elle assassine donc le prêtre, avant de quitter le village à la recherche d'autres pécheurs.

Tu as les doigts tremblants en refermant le livre. Quelle histoire sordide ! S'ils sont tous comme ça dans la bibliothèque d'Anna, tu espères au moins qu'Arthur n'y touchera pas.

Les semaines qui suivent, tu essaies d'oublier un peu Anna et tu te replonges corps et âme dans tes études. Pourtant, ta famille reste toujours dans un coin de ta tête, et tu ne peux t'empêcher de t'inquiéter pour Arthur. Dans un cours de pédopsychologie, tu poses une question à ton professeur :

– Quand un enfant ou un adolescent a des idées noires, qu'il lit des histoires macabres et violentes, par exemple, qu'est-ce que ça peut signifier ? Et quand faut-il s'inquiéter ?

– Il y a une grande différence entre « avoir des idées noires » et le fait de lire des histoires ou de regarder des films d'horreur, si c'est ce à quoi vous pensiez. Un enfant ou un adolescent qui aime particulièrement les histoires horrifiques signifie simplement qu'il a des peurs et qu'il a besoin de les ressentir plus concrètement grâce à la fiction, pour ensuite les surmonter en allant jusqu'au bout du livre ou du film. Il est néanmoins essentiel pour l'enfant que ces histoires se terminent bien pour qu'il puisse dépasser ces peurs.

En rangeant tes affaires après le cours, tu te dis qu'Anna mériterait quelques séances chez un psy. Elle semble sûre d'elle et ne laisse transparaître aucune émotion, mais elle cache probablement des peurs profondes...

Un soir, alors que tu regardes un film dans ton lit, tu reçois un appel de chez toi. C'est Arthur.

– Je peux pas parler longtemps, commence-t-il.

Son ton t'inquiète immédiatement.

– Qu'est-ce qu'il se passe ?

– C'est Anna et Papa, ils sont méchants.

Tu es un instant soulagé·e, tu t'attendais à un accident ou quelque chose du genre.

– Quand je ne suis pas sage, ils m'enferment dans le placard. Des fois, ce n'est même pas moi qui ai fait la bêtise ! L'autre fois, c'est Anna qui a cassé un vase. Elle a fait exprès, je l'ai vue ! Mais Papa a tout de suite pris sa défense à elle. Il ne m'a pas cru.

La voix d'Arthur est réellement emplie de tristesse. Tu es donc vraiment inquièt·e. Pourtant, Arthur n'a que 6 ans, et à cet âge-là, on peut facilement trouver une punition injuste. Que devrais-tu faire de ces informations ?

En allant en **69**, tu peux rassurer Arthur en lui disant que ce n'est pas bien grave, ou bien tu peux prendre tout cela très au sérieux et dire à Arthur que tu arrives dès que possible pour t'assurer toi-même que tout va bien, en **75**. Enfin, tu peux dire à ton frère que tu vas appeler ton père pour obtenir des explications, en **80**.

57

Le soir, ton ami d'enfance revient avec Maxime. Tu lui sautes presque dessus pour lui demander des nouvelles de ton père et d'Anna.

– On est en train d'éplucher tous les mails que tu nous as transmis. Arthur a vraiment eu de la chance.

Tu ne relèves pas cette expression idiote.

– Comment ça ?

– Ton père est entré dans une secte. C'est le père François qui la dirige. Il promet à des parents solos de les aider à éduquer leur progéniture, mais il leur retourne complètement le cerveau en leur faisant croire que leurs enfants sont des pécheurs et qu'ils doivent être punis pour accéder au royaume de Dieu.

Tu ne pensais pas que ça prendrait cette ampleur ! Tu es toujours très en colère contre ton père, mais au fond, tu commences à avoir pitié de lui. Il allait bien plus mal que tu ne le pensais depuis la mort de ta mère. Ces monstres ont dû profiter de son état de détresse pour l'embrigader.

– Au bout d'un moment, continue Maxime, certains enfants se soumettent. On dit alors qu'ils sont « sauvés ». Ils n'ont en fait plus aucune volonté propre et obéissent aux ordres du père François pour devenir à leur tour des évangélisateurs et trouver d'autres parents. Quant aux autres enfants, ceux qui continuent de se rebeller. Ils ne sont plus appelés « enfants », mais « tributs », et ils sont...

Maxime s'arrête soudain. Tu lui fais signe de continuer.

– ... ils sont sacrifiés lors d'une cérémonie. Ton frère aurait dû en faire partie, ce week-end. Grâce aux mails de ton père, on a pu arriver à temps et sauver trois autres enfants. Tous les parents sont actuellement en garde à vue, mais on n'a pas retrouvé le père François.

Tu baisses la tête. Quelle horreur de s'en prendre ainsi à ses propres enfants !

Si tu as récupéré des dessins d'Anna dans la maison, note-le en page 11 et poursuis ta lecture ci-dessous. Sinon, rends-toi en **12**.

– Quant à Anna...

Tu relèves la tête, tout ouïe.

– On n'a retrouvé aucune trace d'elle non plus. Ils ont dû s'enfuir ensemble, avec le père François. Et probablement avec d'autres enfants « sauvés ». Mais... ce n'est pas tout. Les dessins que tu m'as remis, ils correspondent effectivement à la famille Barot. Ça paraît fou, mais j'ai récupéré des cheveux d'Anna chez vous. On a eu les résultats ADN ce matin : elle est la fille du couple décédé. C'est bien Anne Barot, une femme de 35 ans !

Tu gardes la bouche ouverte, complètement choqué·e. Tu vois Sylvain et Fatou échanger un regard. Ils sont dans le même état que toi.

– On n'a pas encore de preuves, mais on pense qu'elle est aux côtés du père François depuis un moment. Ça pourrait être lui qui l'a incitée à tuer toute sa famille. En tout cas, l'enquête a été rouverte, vingt ans après. Anna, ou plutôt Anne, est devenue notre suspecte n° 1.

Ton histoire s'arrête là. Tu as réussi à sauver ton frère, et, suivant le chemin que tu as emprunté, ton père est hors d'état de nuire. Bravo ! Mais Anna et le père François courent toujours, et ils feront probablement d'autres victimes. Si tu veux, tu peux recommencer au début et essayer d'autres chemins pour obtenir une meilleure fin, avec Anna derrière les barreaux !

58

Tu commences par taper l'ancien nom de famille d'Anna, « Marek » sur le Net. Tu constates assez vite que ce n'est pas un nom très courant en France. Il viendrait plutôt de République tchèque, où il est très commun. Tes recherches risquent d'être encore plus difficiles que prévu. Et effectivement, ce nom fait référence à tellement de personnes dans ce pays que c'est absolument impossible de t'y retrouver. Tu n'as pas d'autre choix que d'abandonner. Tu hésites entre te reposer ou continuer tes recherches sur un autre sujet.

Si tu souhaites chercher des infos auprès de l'orphelinat, continue en **150**. Si tu veux fouiller du côté de l'association de ton père et d'Anna, rends-toi en **91**. Si tu préfères te reposer, continue en **102**.

59

Tu demandes à Maxime s'il ne pourrait pas y aller en uniforme et dire qu'on lui a signalé la disparition d'Arthur. Ça pourrait être toi, mais aussi sa maîtresse ou un voisin. Le policier accepte et te dit qu'il passera ce soir avec un collègue. Tu espères bien obtenir quelques réponses à tes questions.

En fin d'après-midi, tu reprends ton espionnage à la fenêtre et tu vois ton père revenir avec Anna vers 17 heures. Ils portent tout un lot de cartons pliés.

Ce n'est que quelques dizaines de minutes plus tard qu'une voiture de police vient se garer devant chez toi. Maxime en sort, accompagné d'un autre policier. Ton père leur ouvre et ils discutent un moment. Puis tu vois Maxime jeter un œil à l'intérieur en montrant quelque chose du doigt. Ton père se décale alors légèrement dans l'embrasure de la porte, comme s'il ne voulait pas qu'ils regardent à l'intérieur de la maison. Les deux policiers ne restent pas plus longtemps. Ils saluent ton père et s'éloignent. Leur voiture a à peine disparu au bout de la rue que tu reçois un appel de Maxime.

– Salut, Alex. Je ne viens pas avec de bonnes nouvelles. Ton père n'a rien voulu nous dire ni nous laisser entrer. Il m'a juste répondu qu'Arthur était à l'hôpital, que je pouvais vérifier si j'en avais envie, ce que je ne manquerai pas de faire ! Et j'ai vu un lot de cartons dans l'entrée. Comme s'il préparait un déménagement, mais il m'a dit qu'ils faisaient du tri. On ne peut rien faire de plus pour l'instant. Mais je vais appeler les hôpitaux dès demain, et appelle-moi si tu vois quelque chose.

Le soir, tu veilles tard devant tes fenêtres, mais rien ne semble avoir changé dans les habitudes de ton père et d'Anna. Ils ont éteint la lumière à l'heure habituelle. Tu finis par t'endormir sur le lit des parents de Sylvain. Le lendemain matin, tu es réveillé·e par le bruit du camion-poubelle. Il est très tôt, le soleil commence juste à se lever. Et pourtant, tu constates que la voiture de ton père n'est déjà plus là. Il a dû partir plus tôt au travail.

Tu restes à la fenêtre encore quelques heures pour voir si Anna sort pour l'école. Mais elle ne le fait pas.

L'après-midi, tu proposes à Sylvain de passer devant, en poussette. Tu le vois quitter la maison avec Nalah. En passant devant chez toi, il marque une pause et tend le cou pour regarder par la fenêtre. Quelle discrétion ! Puis il lâche carrément la poussette pour se rapprocher de chez toi. Tu l'appelles sur son portable.

– Qu'est-ce que tu fais ?

Sylvain ne répond pas tout de suite. Après avoir jeté un coup d'œil à la fenêtre, il se tourne vers toi.

– Ils sont partis…

Tu ne comprends pas.

– Oui, c'est bien pour ça que tu devais passer devant. Mais ça ne t'empêche pas de faire preuve de discrétion !

– Alex… ils sont partis, répète-t-il.

Tes yeux s'écarquillent. Tu lâches le téléphone et tu rejoins Sylvain en courant avec des chaussons aux pieds.

En regardant par la fenêtre du salon, tu ne peux que constater toi-même que Sylvain dit vrai. La porte principale est verrouillée. Alors tu passes par derrière. Dans la précipitation, ils ont oublié de récupérer la clé qui était cachée sous la statuette de hérisson. Tu pénètres dans la maison. Dans la buanderie, les meubles sont encore là, mais tous les placards sont vides. Pareil dans la cuisine et le salon. Tu montes l'escalier à toute vitesse. Il n'y a plus aucun vêtement dans la penderie d'Anna, ni dans celle de ton père. La chambre d'Arthur, quant à elle, est restée intacte. Continue ta lecture en **115**.

60

Tu préfères ne rien dire, mais tu restes sur tes gardes. Bientôt, Arthur demande à Anna d'y aller moins fort. Elle ne réagit pas tout de suite. Tu regardes ton père, attendant une réaction de sa part, mais il continue de les regarder en souriant. Finalement, Anna réduit la cadence et Arthur descend rapidement de la balançoire et s'éloigne vers le toboggan. Anna t'observe, sans sourire, cette fois.

Continue ta lecture en **127**.

61

Plusieurs voisins se sont déjà attroupés autour de la maison. Ils ont tous les yeux exorbités et une main devant la bouche, ou sur le cœur, en voyant l'état de ton frère. Tu cherches Sylvain des yeux. Il est bien là, tenant Nalah serrée contre lui pour l'empêcher de voir. Il t'adresse un regard plein de compassion.

Quelques jours plus tard, Fatou et toi êtes dans la chambre d'Arthur. Tu loges chez Sylvain depuis que tu as retrouvé ton frère. Bien que ce soit horrible de voir ta maison entourée de rubans de balisage de l'autre côté de la rue, tu te sens bien dans sa famille. Ses parents sont pleins d'attention, et tu te sens en sécurité. Ton meilleur ami t'emmène voir Arthur tous les jours, et Fatou est arrivée ce matin pour te soutenir, elle aussi.

Ton petit frère a été mis dans un coma artificiel pour reprendre des forces plus rapidement. Il était en malnutrition et complètement déshydraté. Selon les médecins, il n'aurait pas pu tenir quelques jours de plus.

Tu ne peux t'empêcher de penser à ce qu'il lui serait arrivé si tu n'étais pas entré·e dans la maison. Tu te sens tellement coupable de ne pas avoir été là plus tôt.

En fin de journée, Sylvain vous rejoint avec Maxime. Tu te lèves d'un bond pour lui demander des nouvelles de ton père et d'Anna.

Si tu as attaché Anna dans la maison, ou si tu as lu des mails de ton père plus tôt, continue ta lecture ci-dessous. Sinon, continue en **140**.

– Ils sont encore tous en garde à vue. Ton père risque au moins cinq ans de prison pour maltraitance sur mineur de moins de 15 ans.

Il reste ton père, mais tu aimerais qu'il puisse rester en prison plus longtemps. Dans cinq ans, Arthur n'aura que 11 ans. Et si votre père lui faisait encore du mal ?

Maxime te rassure sur ce point :

– Même si ton père écopait de la peine minimale, on lui retirera à coup sûr l'autorité parentale sur Arthur. Il ne pourra plus le voir.

Tu es un peu rassuré·e. De toute façon, vous aurez le temps de voir venir, et ta priorité n° 1, c'est qu'Arthur se remette complètement. Maxime poursuit :

– On est en train d'éplucher tous les mails de ton père. Je dois dire qu'on te doit une fière chandelle ! Ça fait des années que des collègues enquêtent sur cette secte.

– Une secte ? s'exclament Fatou et Sylvain en cœur.

– Oui, c'en est clairement une. Le père François la dirige depuis des années. Ils se font passer pour une association de rencontre entre parents solos. Mais ce n'est qu'une façade. Pour faire simple, le père François leur explique comment éduquer leurs enfants pour qu'ils puissent « être sauvés » et aller au paradis. Si les enfants sont bien éduqués, eux et leurs parents y accéderont. Et évidemment, on parle d'une éducation très stricte. En gros, on fait de ces enfants des êtres dénués de sentiments et d'émotions, de vrais petits soldats.

Fatou, Sylvain et toi ouvrez de grands yeux. Tu n'imaginais pas l'ampleur de tout ça !

– Mais, ce n'est pas le pire.

Maxime soupire et regarde Arthur.

– Ce petit bonhomme a eu de la chance. Il y a des enfants, comme Arthur, qui sont récalcitrants, qui ne se laissent pas retourner le cerveau si facilement. Ceux-là sont considérés comme des peines perdues pour le père François. Ils sont déshumanisés et deviennent ce qu'ils appellent « des tributs ». Leur seule chance d'aller au paradis et d'offrir ce dernier à leurs parents, c'est...

Maxime quitte Arthur des yeux et te regarde, hésitant. Tu lui fais signe de continuer.

– Ils sont sacrifiés. Lors d'une espèce de cérémonie. On... on les égorge.

Tes jambes commencent à trembler. Tu t'assois avant de faire signe à Maxime de continuer. Mais tu ne le regardes plus, tu imagines déjà la scène dans ta tête : Arthur égorgé par ce prêtre, devant ton père, impassible.

– Ton frère aurait dû y passer ce week-end. Ils ont prévu ça il y a déjà plusieurs mois. On a découvert que trois autres enfants étaient prévus aussi. On les a heureusement retrouvés, et tous les parents sont derrière les barreaux jusqu'à nouvel ordre. Ils étaient dans un sale état, eux aussi.

Des larmes coulent sur tes joues, mais tu as l'impression de ne plus rien ressentir. Comment peut-on faire ça à ses propres enfants ? Maxime s'agenouille devant toi.

– Alex, tu as sauvé la vie de quatre enfants. Tu as fait ce qu'on aurait dû faire. Merci !

– Et le prêtre ? Il va crever en enfer, j'espère.

C'est Sylvain qui vient de parler. Il a les bras croisés, mais il serre les poings. Cette histoire l'a vraiment mis en colère.

– En tout cas, il va rester en prison un bon moment, c'est certain. On a toutes les preuves dont on a besoin. Quant à Anna…

Tu relèves la tête.

Si tu as attaché Anna, ou si tu as récupéré ses dessins plus tôt, continue en **3**. Sinon, va en **142**.

62

Tu t'éloignes encore de ta maison pour être sûr·e qu'Anna ou que ton père ne te surprenne pas, puis tu composes le numéro d'urgence de la police. Tu expliques tant bien que mal que ta sœur de 13 ans a essayé de te planter avec un tournevis. Tu préfères ne pas parler d'Arthur pour éviter qu'on ne te prenne pour un·e fou·folle.

– Où est-elle maintenant ? Près de vous ?

– Non, j'ai réussi à m'enfuir.

– Bon. Et vos parents, ils sont chez vous ?

– Non, mais mon père prendrait son parti de toute façon. Je vous assure qu'elle est dangereuse ! Il faut l'arrêter.

La policière lâche un soupir.

– Écoutez, on n'est pas là pour régler des chamailleries entre frères et sœurs. Appelez votre père.

Tu essaies encore de te justifier, mais la policière ne prend pas ton histoire au sérieux, et elle finit par raccrocher. Tu ne te laisses pas démonter et tu appelles Maxime. Il te répond à peu près la même chose, qu'ils n'ont pas besoin d'intervenir si tu n'es plus en danger.

– Tu n'aurais pas dû y aller ! Là, c'est toi qu'on pourrait coffrer parce que tu rentres dans le domicile de ton père alors qu'il te l'a plus ou moins interdit. Retourne chez Sylvain et dis-moi quand ton père sera de retour.

Tu raccroches carrément au nez de Maxime. Qu'est-ce qu'il leur faut ? Que tu aies un couteau sous la gorge ? Tu n'as maintenant plus beaucoup de choix.

Si tu veux retourner chez toi, poursuis en **84**. Si tu préfères retourner chez Sylvain et attendre, rends-toi en **121**.

63

– Oui, oui ! réponds-tu vivement à Sylvain pour qu'il se taise et que tu puisses écouter le son qui sort de l'appareil.

Tu continues d'entendre le souffle, mais c'est très léger. Tu bouges légèrement la fréquence, et cette fois, tu entends beaucoup plus distinctement. Ce n'est pas qu'un souffle, ce sont des pleurs. Sylvain revient avec deux bières.

– Elle s'est réveillée ? dit-il en te voyant écouter le babyphone.

– Je ne crois pas que ce soit elle, réponds-tu en lui tendant l'objet.

Il écoute à son tour et te regarde avec de grands yeux. Il semble l'avoir reconnue lui aussi. C'est la voix d'Arthur. Sylvain finit par briser le silence :

– Je ne rêve pas ? C'est ton frère ?

Tu es encore trop choqué·e pour réagir. Tu fixes le babyphone.

– C'est une courte portée, poursuit Sylvain. Si c'est ton frère, il est à moins de cinquante mètres.

Tu reprends l'appareil des mains de ton ami pour le plaquer contre ton oreille. Tu entends la voix gémir et renifler. Sylvain s'assoit à tes côtés et met une main sur ton épaule.

– Papa… murmure la voix. Reviens, Papa…

Sa voix est éteinte, mais c'est bien celle d'Arthur, tu en es persuadé·e. Sylvain te parle mais tu n'écoutes pas. Tu gardes l'oreille collée contre le babyphone. Bientôt, tu entends un autre souffle, mécanique cette fois. Tu crois reconnaître le bruit de la chaudière qui est dans la cave. Tu écarquilles les yeux. Arthur serait dans la cave ? Mais pourquoi ?

Tu réfléchis à ce que tu pourrais faire.

Si tu veux te lever et essayer de trouver ton frère, poursuis en **116**. Si tu préfères appeler Maxime et faire venir la police, continue en **81**.

64

Dans la librairie *Jeux bouquine*, on trouve aussi quelques jeux de société, mais tu aimes bien l'idée d'acheter un livre. Alors que Fatou et toi vous dirigez vers le fond de la boutique, le libraire vous annonce que la partie jeunesse est fermée à cause d'un dégât des eaux. En fouillant dans les rayons adultes, vous trouvez tout de même un exemplaire du *Petit Prince*.

– Tu pourrais lui en lire un bout tous les soirs, propose Fatou, ce serait un bon moyen de te rapprocher d'elle.

Si ce cadeau te plaît, continue en **8**, si tu préfères visiter un autre magasin, rends-toi en **134** pour *Zen mode* ou en **155** pour *Au bonheur des mômes*.

65

Tu ne prends pas le risque d'essayer de voir le visiteur, mais tu t'assois dans les marches les plus hautes et tu tends l'oreille pour écouter la conversation venant du salon.

– Ça ne fait rien, l'important, c'est d'avoir votre tribut. Si vous partez cette nuit, on pourra le garder auprès de celui de Paul et Jacqueline.

– Merci, père, nous vous devons beaucoup.

– Ce n'est rien, mon fils. Ton enfant sera bientôt sauvé. Bien, parlons maintenant logistique. Je peux vous faire héberger demain, mais votre nouveau logement ne sera pas prêt avant la semaine prochaine. Combien pourriez-vous mettre pour une chambre ?

Tu ne comprends pas bien le reste de la conversation. L'homme, qui semble donc être un prêtre, aide ton père et Anna à déménager, mais pourquoi ? Tu repenses à leur association parents-enfants. C'est peut-être lié. Tu es vraiment tenté·e de t'approcher, mais ça ne vaut pas le coup de prendre tant de risque.

Par contre, tu pourrais profiter du fait qu'ils soient occupés pour descendre voir si tu peux ouvrir la cave, en te rendant en 112, ou encore regarder s'il n'y a pas quelque chose d'intéressant dans la chambre d'Anna, en 128.

66

Pourtant, juste avant de suivre la jeune fille dans le couloir, tu remarques que le tournevis n'est plus sur les marches. Tu laisses Anna avancer et tu regardes autour de l'escalier. Il a peut-être roulé par terre. Mais non, aucune trace de l'objet : Anna l'a pris !

Tu la vois dans la pénombre, au fond du couloir, devant la porte de la cave qui est encore fermée, et tu hésites.

Si tu as vu ton père sonner chez Sylvain récemment, rends-toi en 79. Sinon, poursuis ta lecture en 105.

67

Tu regardes Anna encore un instant, puis tu rejoins l'escalier sans rien dire. Tu n'as pas encore dévalé trois marches qu'un terrible coup à la tête te fait perdre l'équilibre. Tu tombes dans les escaliers, puis c'est le trou noir.

Rends-toi en 38.

68

Tu n'attends pas qu'elle réagisse. En un grand pas, tu es près du téléphone, que tu débranches. D'ailleurs, tu ne fais pas que le débrancher. Dans la précipitation, tu arraches carrément le câble. Au moins, tu es maintenant sûr·e qu'elle ne pourra prévenir personne.

Anna s'est levée, mais elle n'a pas bougé ses pieds d'un centimètre. Elle te regarde toujours, d'un air méprisant. Apparemment, ça ne lui a pas plu ! Tu laisses tomber les bonnes manières et tu profites de ton effet de surprise pour prendre le dessus.

– Descends, s'il te plaît.

Anna obéit sans poser de question et sans te lâcher des yeux. Tu recules d'un pas pour qu'elle ne s'approche pas trop.

– Avance dans le couloir. On va à la cave !

Anna obéit à nouveau. Tu reprends confiance. Ce n'était pas prévu qu'Anna soit là, mais tout se passe bien. Dans un instant, tu retrouveras Arthur, et tu l'emmèneras loin d'ici. Anna et ton père n'auront qu'à continuer leur vie à deux. Mais tu ne laisseras plus jamais Arthur seul. Tout en te faisant cette promesse, tu t'avances pour emboîter le pas à Anna. Continue en 66.

69

Tu tentes de rassurer ton frère durant de longues minutes, mais ça n'a pas l'air de vraiment fonctionner.

– Je raccroche, ou je vais encore être puni. À bientôt.

Arthur s'exécute sans te laisser le temps de répondre. Même si tu as de la peine pour lui, tu es aussi en partie content·e qu'Anna soit descendue du piédestal sur lequel Arthur l'avait mise. Pourvu que ton père se rende compte, lui aussi, qu'Anna n'est pas la petite fille parfaite.

Poursuis ta lecture en 49.

70

Tu ne te décourages pas et tu continues d'essayer de crocheter la serrure. Ce n'est qu'au bout d'une vingtaine de minutes que tu y parviens.

Rends-toi en 25.

71

– C'est le paquet rectangulaire ! cries-tu à Arthur.

Tu croises les doigts pour que ton cadeau plaise à Anna, mais tu remercies déjà le ciel que le rayon jeunesse ait été fermé dans la librairie le jour où tu as pris le cadeau. Au moins *Le Petit Prince* est un livre adapté à son âge, ça ne fera pas bébé.

Anna déplie le paquet avec minutie. Arthur, revenu à sa place, est beaucoup plus impatient qu'elle à l'idée de découvrir ce qu'il y a dedans.

Anna regarde la couverture durant quelques secondes, puis elle plonge ses yeux dans les tiens.

– Ce n'est pas ce que je lis habituellement, mais je peux essayer.

Elle n'a pas l'air plus contente que ça, mais tu as du mal à savoir, puisqu'elle semble n'avoir qu'une seule expression.

Avant de monter vous coucher, tu vois qu'elle a laissé le livre sur la table. Mais avant que tu aies le temps de faire un commentaire, elle te propose de venir dans sa chambre.

– Je pourrais te montrer ce que je lis d'habitude.

Si tu préfères te coucher tout de suite, rends-toi en **4**. Si tu acceptes la proposition, suis Anna en **20**.

72

Tu pousses un soupir et tu ranges la paire de jumelles dans ton sac, à tes pieds. Sylvain vous conduit donc chez lui. Son plan de te faire passer par la cuisine est un succès. Tu n'as croisé ni vu personne. En entrant chez lui, tu files directement vers la fenêtre, mais Sylvain te barre le passage.

– Attention, ne t'approche pas trop des fenêtres, on ne sait jamais. Ou alors, seulement quand la pièce est plongée dans le noir. On vient juste de rentrer, ce serait louche d'éteindre maintenant.

Tu regardes ton ami avec de grands yeux. Il prend cette histoire avec tellement de sérieux. Tu poses une main sur son épaule et tu lui réponds un simple « merci ».

Heureusement, la maison de Sylvain ne contient pas énormément de fenêtres et tu repères vite tous les meilleurs parcours pour ne jamais te retrouver derrière ou dans l'axe de ta maison. Le palier à l'étage deviendra aussi un lieu de répit où tu n'auras pas peur d'être repéré·e.

Tu vois que la voiture de ton père est sur le parking, et seul le rez-de-chaussée est éclairé. Tu ne peux pas voir depuis ici, mais tu supposes qu'ils sont en train de dîner. Il y a peu de chance qu'il se passe quoi que ce soit ce soir. Tu décides donc de te détendre et de profiter de ce moment avec Sylvain et Nalah, qui vous inonde de sourires. Après le dîner, tu rejettes un œil à ta maison, mais rien à signaler. Sylvain t'installe dans la chambre de sa sœur, qui vit maintenant en Argentine. Elle donne sur la rue du côté de ta maison.

– Les volets sont quasiment toujours fermés dans cette pièce, donc ça ne surprendra personne s'ils le sont en pleine journée, explique Sylvain. Et c'est depuis la chambre de mes parents qu'on voit le mieux ta maison.

Encore une fois, tu es impressionné·e de voir à quel point Sylvain s'est attaché aux détails. Quand toutes les lumières de chez toi s'éteignent, tu te demandes quoi faire.

Si tu veux continuer à observer la maison, poursuis en **19**. Si tu préfères te coucher maintenant et te lever tôt, continue en **98**.

73

Tu inspires profondément pour te calmer.

– Ce n'est pas avec moi que tu dois avoir une conversation, Papa. Je pense que tu devrais parler sérieusement à Anna et réfléchir au bien-fondé de sa présence ici...

Ton père se calme à son tour. Il t'attrape les deux bras et te regarde droit dans les yeux.

– Alex, tu ne comprends pas. Je ne sais pas si tu te rends compte du bien que ça me fait d'avoir Anna avec moi, avec nous. Je sais qu'Arthur a encore du mal à s'habituer. Mais ton pauvre père n'a pas le droit d'avoir un peu de bonheur ? Arthur est encore trop petit pour faire certaines choses avec moi. Mais tu sais, cette semaine, on a rencontré des gens super, et à côté de ça, on crée de vrais liens père-fille. Grâce à Anna, je vois du monde, je sors. Je renais.

Tu baisses les yeux, te remémorant le père que tu as quitté lorsque tu as commencé tes études. Il ne pensait qu'au travail, terminait tard, ne voyait plus aucun de ses amis. Tu pousses un soupir résigné. Tu as envie d'y croire, mais quelque chose dans son discours te met mal à l'aise.

– Ça me fait vraiment mal que tu ne me fasses pas confiance, ajoute-t-il.

Tu prends ces mots comme des coups de poignard. Tu te sens soudain bête. Peut-être que tu as été injuste envers lui ? Après tout ce qu'il a traversé... Et seul à élever deux enfants, pour la seconde fois. Tu n'insistes pas plus.

Tu perds un point de sympathie. Note-le page 11 avant de rentrer, en **137**.

74

Tu avances encore un peu et tu mets la lumière de ton téléphone en direction de ton visage.

– Arthur, regarde. C'est moi, Alex.

Ton petit frère ne dit plus rien pendant quelques secondes. Inquiet·ète, tu finis par tourner la lumière vers lui. Il est maintenant assis, et il pleure à chaudes larmes. Il pleure tellement qu'il n'arrive pas à parler.

– Tout va bien se passer, maintenant.

Tout en essayant de calmer Arthur, tu regardes plus attentivement la cage. Elle est verrouillée par un cadenas à clé. Tu pourrais essayer de crocheter la serrure.

Tu reprends ton téléphone et tu fais le tour de la pièce à la recherche d'un outil fin qui pourrait faire l'affaire. Tu finis par trouver ton bonheur : un petit tournevis.

Tu te précipites vers la cage. Tu essaies durant une bonne dizaine de minutes, mais tu n'y arrives pas. Tu penses alors aux films policiers. Ils ont généralement deux objets dans les mains. Tu repars donc à la recherche d'un autre tournevis. Tu en trouves un, mais il est un peu trop gros, et effectivement, il ne rentre pas.

– Alex, qu'est-ce que tu fais ?

Arthur s'est remis de ses émotions, mais il a une toute petite voix. Tu en profites pour lui demander s'il sait où est la clé.

– C'est Papa qui l'a. Elle est accrochée à son trousseau de clés, avec celles de la maison et de la voiture.

Aïe. Ton père a toujours son trousseau sur lui. Ce n'est pas gagné.

Si ton père n'était pas encore revenu, c'est peut-être maintenant le cas. Si tu veux tenter ta chance et remonter pour chercher la clé, rends-toi en **27**. Si tu veux encore essayer de crocheter la serrure, continue en **70**. Enfin, pour appeler la police, rends-toi en **149**.

75

Tu trouves cette histoire vraiment trop grave. Ça va trop loin.

– Ne t'inquiète pas, j'arrive dès que je peux.

Ton frère semble rassuré, mais il raccroche vite, comme s'il avait peur qu'on le surprenne.

Tu réserves immédiatement un billet de train pour le lendemain. Tu rateras les cours, mais tant pis, ton frère passe avant tout.

Arrivé·e sur place, Arthur se jette dans tes bras, comme lors des vacances de Noël. Mais cette fois, il est en pleurs.

– Ils m'ont encore grondé, ce matin.

Tu consoles ton frère avant de rentrer dans la maison.

Si tu as trouvé un mot d'Anna dans ta valise après les vacances de Noël, poursuis en **153**, sinon, continue en **28**.

76

– Je ne comprends pas vraiment le rôle qu'elle a joué dans cette histoire. On n'a pas grand-chose contre elle.

Tu sens déjà la colère monter. Tu t'apprêtes à répondre sèchement qu'il n'y a aucun doute, mais Maxime te fait signe qu'il n'a pas terminé.

– Par contre… les dessins que tu m'as donnés… ça paraît fou, mais ils représentent bien les visages de la famille Barot. On a donc creusé un peu, et on a prélevé l'ADN d'Anna.

Tu ouvres de grands yeux.

– Et oui, ce n'est autre qu'Anne Barot, la fillette survivante. C'est en réalité une femme de 35 ans. Elle est atteinte d'une maladie qui a ralenti sa croissance.

Alors là, tu es vraiment sous le choc. Tu échanges un regard sidéré avec Fatou et Sylvain, qui sont dans le même état que toi. Maxime poursuit sans y faire attention :

– On n'a pas encore de preuves, mais elle est devenue notre suspecte n° 1 dans cette affaire. On vient juste de rouvrir l'enquête, après vingt ans. Donc, même si on n'en découvre pas plus, elle sera au moins jugée comme une adulte dans l'affaire de ton frère.

Ton aventure se termine ici. Bravo à toi ! Tu as pu sauver ton petit frère et tu as trouvé de quoi incriminer Anna. Néanmoins, tu n'as pas pu apporter de preuves de sa culpabilité et de celle du père François dans la maltraitance de ton frère. Même si Anna fait de la prison pour non-assistance à personne en danger, elle pourrait en sortir rapidement. Si tu as envie de réessayer et d'avoir une meilleure fin, recommence donc l'histoire au début.

Bonne chance !

77

– Oui, c'est ça, je vois le mal partout ! Tu ferais mieux d'ouvrir un peu les yeux, Papa !

Tu as vraiment l'impression d'avoir affaire à un mur ces derniers temps ! Tu quittes vivement le salon pour remonter dans ta chambre. Tu croises Anna dans l'escalier. Elle fait mine de descendre, mais tu comprends tout de suite qu'elle était en train de vous écouter.

– Bonjour, Alex ! dit-elle avec un grand sourire.

Tu la croises sans répondre ni même la regarder et tu retournes dans ta chambre récupérer quelques affaires.

– Je vais chez Sylvain ! lâches-tu dans l'entrée avant de claquer la porte et de filer dans la rue.

Le froid vif te fait redescendre un peu en pression, mais tu es encore énervé·e quand tu frappes à la porte de ton ami. Personne ne répond. Tu te souviens soudain qu'il est parti en vacances au ski avec ses parents.

Tu as la sensation que ton père et Anna ont les yeux rivés sur toi depuis les fenêtres de la maison. Sans un regard en arrière, tu poursuis donc ta route pour arriver au bout de la rue et partir vers le parc. Tout en marchant sous les platanes d'un pas rapide, tu repenses à ce que t'a dit ton père. Cette situation familiale te dépasse. Tu comptes bien tirer tout ça au clair. Anna cache quelque chose. Et ton père aussi, tu en es persuadé·e.

Quand tu retournes chez toi une heure plus tard, tu as les mains gelées, les pieds en feu et une volonté de fer pour sortir Arthur de cette situation.

Poursuis ta lecture en **137**.

78

– Quant à Anna…

Tu écoutes attentivement la suite.

– On n'a aucune trace d'elle. Même si on la retrouvait, ce qui n'est pas le cas pour l'instant, ce serait ta parole contre la sienne. On n'a aucune preuve contre elle. Sans compter qu'elle est mineure. Elle serait de toute façon jugée comme telle et elle ne risque donc pas grand-chose.

Tu n'en reviens pas. Après tout ce qu'il s'est passé ! Fatou et Sylvain t'adressent un regard contrit. Maxime, qui était resté très professionnel jusqu'ici, pose une main sur chacun de tes bras et te regarde droit dans les yeux.

– Alex, je te conseille vraiment de passer à autre chose. Arthur va bien, toi aussi. On fera tout ce qui est en notre pouvoir pour que ceux qui ont fait du mal à ton frère paient. Mais de ton côté, vis ta vie sans regarder en arrière. Arthur en aura besoin.

Tu hoches doucement la tête, puis tu regardes ton petit frère endormi. Il semble si paisible.

Ton aventure se termine ici. Bravo, tu as réussi à sauver ton frère ! Selon le chemin que tu as emprunté, ton père est derrière les barreaux, mais Anna court toujours, et tu n'as pas compris le fin mot de l'histoire. Si tu veux essayer d'avoir une meilleure fin, recommence au début et fais d'autres choix.

79

Si tu as coché la casquette et les lunettes au début de ton livre en page 11, ne lis pas le paragraphe ci-dessous et poursuis en 105.

Tu n'as plus le temps de réfléchir, car tu entends soudain une voiture se garer dans l'allée. Tu files dans le salon pour regarder à la fenêtre. C'est ton père !

Poursuis ta lecture en **111**.

80

– Écoute, je ne peux pas faire grand-chose pour toi depuis ici, mais je vais appeler Papa pour lui demander des explications.

– Non ! Il va me gronder !

Tu calmes ton frère en lui expliquant que tu feras comme si de rien n'était en lui demandant comment ça se passe à la maison.

– D'accord, mais lui dis pas que je t'ai appelé·e ! s'empresse-t-il de dire avant de raccrocher.

Tu n'appelles pas sur le fixe, mais sur le portable de ton père. Il ne répond pas. Tu laisses donc un message en disant que tu voulais juste avoir quelques nouvelles.

Tu réessaies le lendemain, mais toujours pas de réponse. Et pareil quand tu appelles la maison. C'est seulement le soir, avant de t'endormir, que tu reçois enfin un SMS de ton père :

> J'ai bien eu ton message. Désolé, journées de fou au boulot. On s'appelle un autre jour. Tout le monde va bien, mais Arthur est un peu pénible en ce moment.

Arthur a peut-être exagéré la situation. Tu t'endors, un peu rassuré·e par le message de ton père, même si tu ne peux t'empêcher d'avoir le sentiment que quelque chose ne tourne pas rond.

Continue en 49.

81

Tu inspires profondément et tu prends le temps de te ressaisir avant d'appeler Maxime pour lui expliquer ce que vous venez d'entendre, Sylvain et toi.

– Tu es sûr·e que ce n'était pas juste la cousine de Sylvain ? Ou même un enfant dans une autre maison ? Comment peux-tu être certain·e que c'est ton frère ?

Tu regardes Sylvain et murmures en articulant bien : « Il ne me croit pas. » Ton ami te prend le téléphone des mains.

– Je te jure, Maxime, ça ressemble vraiment à la voix d'Arthur. Tu ne peux pas envoyer une voiture et vérifier ?

Tu demandes à Sylvain de mettre le haut-parleur.

– S'il n'y a personne à la maison, on ne peut pas entrer.

– Je peux vous ouvrir, moi, réponds-tu du tac au tac. Enfin, si la clé de la porte arrière est toujours cachée.

Maxime pousse un soupir.

– C'est plus compliqué que ça... Appelle-moi dès que ton père rentre et j'irai lui toucher deux mots.

Sylvain et toi vous regardez. Ce n'est pas la réponse que vous espériez. Sylvain remercie Maxime et raccroche. Tu laisses passer quelques secondes avant de reprendre la parole.

– Je ne sais pas si je pourrais attendre. Arthur est peut-être blessé. Et si chaque minute comptait ?

Sylvain essaie de te rassurer, sans succès.

– Ce n'est pas prudent, Alex.

À toi de décider !

Si tu ne veux pas attendre et aller chez toi pour vérifier si Arthur y est ou non, poursuis en **116**. Si tu préfères attendre que ton père rentre pour demander à Maxime d'y aller, rends-toi en **44**.

82

Tu en as assez d'avoir peur de lui et de l'écouter. Il est temps d'affronter ton père et de lui demander de te remettre Arthur immédiatement s'il ne veut pas que tu appelles la police. Il entre avec fracas, déjà très en colère de te voir.

– Toi !

Il n'a plus le visage du père aimant que tu as connu par le passé, ni celui du père dépressif de ton adolescence. Non, l'homme que tu as devant toi, tu ne le connais pas.

– J'ai bien fait de demander aux voisins de te guetter. Tu as besoin d'aide, Alex, et tu le sais.

– Tais-toi et libère Arthur !

– Le libérer ? Mais Alex ! Qu'est-ce que tu vas encore t'imaginer ? Ton frère est à l'hôpital !

– Dans ce cas, pourquoi est-ce que vous déménagez ?

Ton père lève les yeux au ciel.

– Pour se rapprocher de lui, justement ! Il y a eu des complications, rien de grave. Mais il doit rester sous surveillance quelques mois. On va louer la maison en attendant et se trouver un appartement tout près de l'hôpital.

– Mais merde, cesse de mentir !

Tu vois ton père faire un hochement de tête. Mais il ne t'est pas destiné. Anna. Tu l'avais complètement oubliée. Tu vois furtivement ses mains de chaque côté de ta tête, puis un câble t'appuie violemment sur le cou. Elle est en train de t'étrangler ! Tu te débats de toutes tes forces et tu parviens à te dégager en la repoussant d'au moins un mètre. Ton père te fait tomber d'un mouvement et se met à califourchon sur toi. Il t'étrangle à mains nues. Tu te débats, mais il est plus fort que toi. Tu ne peux rien faire.

– C'est pour ton bien. Et celui d'Arthur, dit-il sans aucune émotion.

C'est le trou noir. Lorsque tu te réveilles, tu es étonné·e de ne pas être mort·e. Tu es dans une chambre toute blanche et tu portes une chemise de nuit, blanche elle aussi. Tu te lèves d'un bond, mais tu es alors pris·e d'une quinte de toux. Ton cou te fait extrêmement mal. Tu te sors péniblement du lit. Tu ne reconnais rien autour de toi. Tu crois un instant que tu es à l'hôpital, que tout s'est finalement bien terminé, que quelqu'un t'a sauvé·e, mais en essayant d'ouvrir la porte de la chambre, qui est verrouillée à clé, tu finis par comprendre. « Tu as besoin d'aide, Alex », avait dit ton père. Il t'a fait interner dans un hôpital psychiatrique !

Ton aventure s'arrête ici. Ton père a malheureusement de très bons contacts ici : c'est un membre de son association parents-enfants qui dirige l'hôpital. Il ne te laissera jamais sortir, et tu n'entendras plus jamais parler d'Arthur ou du reste de ta famille. Tu as perdu, mais tu peux recommencer l'histoire du début et essayer de prendre de meilleures décisions la prochaine fois.

83

Tu files dans le salon. Anna te laisse faire, puis elle avance lentement pour te rejoindre. Tu te mets derrière la table pour créer une séparation entre elle et toi. Anna arrive. Elle te regarde d'un air amusé.

– Tu veux jouer à chat ?

Tu ne réponds pas. Anna s'avance et pose ses deux mains sur la table, les bras écartés. Elle te défie du regard.

– Attention, je griffe.

Tu vois bien qu'elle jubile. La situation l'amuse réellement, mais tu ne tiens pas à entrer dans son jeu beaucoup trop *creepy* pour toi.

– Je ne veux pas jouer, Anna. Je veux juste retrouver Arthur.

Anna commence à contourner la table par la droite. Tu avances en même temps qu'elle, dans le même sens, pour toujours garder la même distance. Quand vous avez tout à fait échangé de place, Anna s'arrête.

– Ne t'inquiète pas. Je ferai en sorte que tu le retrouves. Mais d'abord…

Elle sort le tournevis, qu'elle avait caché sous sa ceinture.

– … jouons un peu !

Elle a à peine terminé sa phrase qu'elle file vers la droite. Tu es supris·e par sa rapidité, mais tu réagis vite, toi aussi. Vous tournez un moment comme ça, en changeant parfois de sens, puis tu pousses soudain la table contre Anna, qui se retrouve bloquée contre le mur. Elle lâche un juron et un cri de colère. Tu en profites pour courir dans le couloir. Tu essaies d'ouvrir la cave, mais elle est verrouillée.

Si tu veux revenir sur tes pas, poursuis en **46**. Si tu veux aller dans le bureau de ton père et sortir par la fenêtre, rends-toi en **100**.

84

Tu décides de vite retourner dans la maison. Tu veilles déjà à ce qu'il n'y ait personne dehors, puis tu ouvres tout doucement la porte d'entrée principale. Heureusement, Anna ne l'a pas encore fermée. Tu te glisses à l'intérieur et tu montes les marches en faisant le moins de bruit possible. Tu n'es pas encore arrivé·e en haut que tu entends Anna entrer dans le salon. Tu files te cacher dans la chambre d'Arthur. Elle est remplie de cartons, elle aussi.

Tu n'en reviens toujours pas. Ton père et Anna comptaient vraiment s'en aller comme ça, sans rien dire. Tu ressens soudain une grande vague de tristesse. Ton frère te manque vraiment. Dire qu'il est peut-être à quelques mètres sous tes pieds, seul, dans la cave. Tu dois absolument le rejoindre.

– Anna ? La voix de ton père venant de l'entrée te fait sursauter. Toujours pas de trace d'Alex ?

Tu n'entends pas la suite de la conversation, mais en tout cas, ils sont toujours en bas. Tu dirais d'ailleurs que ça vient du salon. Tu rouvres la porte de ton frère pour mieux entendre.

– ... en route, il devrait arriver d'une minute à l'autre, dit ton père.

– Je vais préparer du thé, répond Anna.

Tu entends ton père tirer une chaise dans le salon et des bruits de casserole dans la cuisine. Ils sont tous les deux occupés, c'est le moment ou jamais ! Tu quittes la chambre d'Arthur et tu refermes délicatement la porte derrière toi. Tu t'apprêtes à descendre les marches lorsque quelqu'un sonne à la porte. Tu recules dans le couloir pour ne pas attirer l'attention. Tu attends quelques minutes, mais le visiteur semble être allé dans le salon.

Si tu veux aller en haut des marches pour savoir de qui il s'agit, poursuis ta lecture en **65**. Si tu préfères aller voir dans la chambre d'Anna, continue en **128**. Si tu souhaites profiter que ton père et Anna soient occupés, descends les escaliers en **112**.

85

Tu fais mine de repartir vers la rue pour que ton père desserre sa prise sur ton bras. Quand il estime que vous êtes assez loin, il laisse effectivement tomber sa main. Tu en profites pour faire demi-tour d'un bond et courir de toutes tes forces en direction de la porte d'entrée. Tu te jettes littéralement sur elle en appuyant sur la poignée, et tu fermes à clé derrière toi. Moins d'une seconde plus tard, ton père est déjà en train de tambouriner contre la porte. Tu ne prends pas le temps de souffler et tu montes les marches quatre à quatre. Ce n'est qu'une fois dans la chambre d'Arthur que tu marques une pause. Elle est parfaitement rangée. Le lit est fait, rien ne dépasse, et l'odeur de savon noir te laisse penser que le ménage a été fait tout récemment.

Tu repenses à ce que t'avait raconté Arthur, et tu ouvres les portes du placard. Lui aussi est parfaitement rangé, et il n'y a aucune trace de ton frère. En sortant de la chambre pour inspecter le reste de la maison, tu tombes nez à nez avec Anna.

– Tu cherches quelque chose, Alex ?

La jeune fille se tient bien droite, ses deux mains derrière le dos, un grand sourire aux lèvres.

– Où est-il ?

Tu ne t'es jamais senti·e si en colère. Tu ressens une véritable haine envers Anna. Comme elle ne répond pas, tu t'avances et lui attrapes le col. Tu ne supportes plus son sourire. Tu veux des réponses.

– Qu'est-ce que vous avez foutu d'Arthur ?

– Lâche-moi et je te le dirai.

Tu la regardes droit dans les yeux. Son sourire s'est évanoui. Elle n'a pas peur, mais elle semble décidée à ne plus jouer avec toi. Tu lâches prise et tu recules d'un pas.

– Il est en bas, dit-elle en faisant un signe de tête vers l'escalier.

Si tu veux descendre tout de suite, poursuis en **67**. Si tu préfères discuter encore un peu avec Anna, continue en **94**.

86

Tu mises tout sur la statuette. C'est à la fois l'objet le plus maniable, mais aussi le plus lourd. Le problème, c'est que tu vas devoir dépasser Anna. Tu parcours les trois premiers mètres comme si de rien n'était, puis tu t'arrêtes. Te vient alors une idée. C'est une blague qui fonctionne très bien avec Arthur, il n'y a qu'à croiser les doigts pour qu'elle marche aussi dans ta situation actuelle. Tu prends un air surpris et paniqué en regardant dans le bureau de ton père qui se trouve en face de la cave.

– Qu'est-ce que c'est que ça ?

Anna ne peut pas s'empêcher de regarder pour savoir de quoi tu parles. Décidément, ça marche avec tout le monde ! Tu t'élances vers l'étagère en bousculant Anna. Elle perd l'équilibre et se retrouve par terre. Tu en profites pour agripper la statuette. Tu as le réflexe de fermer les yeux, car tu ne veux pas voir ça, puis tu frappes. Tu ouvres tout de suite un œil. Anna est toujours par terre, mais allongée cette fois. Tu l'as assommée.

Continue en 48.

87

– Oui bonjour, c'est Mme Dutronc, de l'orphelinat. Je vous rappelle au sujet d'Anna Marek.

Dans un sursaut, tu attrapes un crayon et un papier sur ton bureau.

– Oui, bien sûr ! Vous avez trouvé quelque chose ?

– Non, je suis désolée.

Tu te laisses tomber sur ta chaise de bureau. Quelle déception !

Mais la femme n'a pas terminé :

– Même sur le fichier national, il n'y a aucune trace de ce nom de famille, ni rien qui y ressemble. Par contre, j'ai trois Anna et deux Anne qui ont été adoptées dans vos dates et qui ont entre 11 et 15 ans. Mais seulement deux d'entre elles venaient d'orphelinats. Pour les autres, ça doit être des beaux-parents qui les ont reconnues, ou des membres de la famille qui les ont adoptées après la mort de leurs parents. Je peux vous donner leurs anciens noms de famille et leurs années de naissance, mais pas plus.

– C'est déjà mieux que rien. Merci beaucoup !

Tu donnes ton mail à la femme avant de raccrocher, puis de retourner dans la cuisine pour sortir deux mugs.

– C'était qui ? demande Emy depuis le salon.

– Oh, juste une secrétaire médicale. Ils m'ont décalé un rendez-vous.

Tu ne connais pas très bien Emy, et tu n'as pas envie de lui raconter toute ton histoire familiale. En amenant les deux thés dans le salon, tu sens ton téléphone vibrer dans ta poche. C'est une notification de ta boîte mail. Tu as déjà reçu la liste de noms ! Tu hésites une fraction de seconde, mais non, vraiment, tu ne peux pas attendre. Tu t'excuses auprès d'Emy et lui demandes de te laisser : « un empêchement de dernière minute », dis-tu pour te justifier. Elle te pose des questions mais tu restes vague pour qu'elle parte plus vite.

La porte d'entrée à peine refermée sur elle, tu files devant ton ordinateur pour lire la liste plus attentivement :

Choisis par qui tu veux commencer et rends-toi au paragraphe correspondant. Rivin en **141**, Scorzi en **122**, Barat en **35**, Giraud en **109** ou Martin en **99**.

88

Tu tapes le nom de l'association dans la barre de recherche. Tu tombes assez rapidement sur les mails d'un prêtre, et tu supposes qu'il s'agit toujours du même : le père François. Tu vois aussi que les premiers mails datent du mois de septembre et qu'il y en a beaucoup : au moins deux ou trois par jour !

Tu te transfères toute la conversation par mail en te disant que tu prendras le temps de tout lire plus tard, mais tu reviens tout de même aux premiers messages.

« Je suis ravi que vous souhaitiez rejoindre notre association qui milite pour aider les parents solos. »

Puis tu trouves assez vite une mention d'Anna :

« C'est un bonheur de lire que ma protégée vous plaît autant. Elle vous sera sûrement d'un grand secours avec votre fils. »

Et encore, quelques semaines plus tard :

« Anna m'a dit que vous aimeriez l'adopter. Je ne peux que vous encourager dans cette démarche. Cette enfant est spéciale. Elle n'a rien à se faire pardonner. Quant à votre fils, nous ferons ce qu'il faut ! »

Tu aimerais en lire plus, mais tu penses avoir déjà compris l'essentiel. Tu restes tout de même un instant devant l'écran. Père François... P. F. Mais oui ! C'est peut-être lui qui a dédicacé le livre qu'Anna t'avait prêté. Ce serait donc lui le taré qui le lui a offert ! Ton père est entré dans un groupe vraiment bizarre, ça te ferait presque penser à une secte, et Anna en fait évidemment partie aussi. Mais... et Arthur dans tout ça ? Il est peut-être encore plus en danger que tu ne l'avais imaginé !

Si tu veux encore lire des mails, poursuis ta lecture en **126**. Pour aller à la cave, si ton père est dans la maison, rends-toi en **92**, si seulement Anna est dans la maison, va en **40**.

89

Le jeudi après-midi, alors que tu regardes la télé dans le salon en attendant que la voiture de ton père revienne, tu reçois un message de Maxime. Il a appelé tous les hôpitaux sur plusieurs centaines de kilomètres à la ronde, mais il n'a trouvé aucune trace de ton frère.

Tu es toujours aussi inquiet·ète, et tu as l'impression que ça ne sert à rien d'être ici à observer une maison qui, de l'extérieur, n'a rien à révéler.

Sylvain descend les escaliers sur la pointe des pieds et s'affale dans le canapé à côté de toi.

– Ouf, ça y est, elle est couchée !

Il pose le babyphone sur la table basse. Vous entendez Nalah babiller.

– J'espère qu'elle va s'endormir plus vite qu'hier.

Sylvain regarde un instant la télévision à tes côtés, puis il se relève pour aller dans la cuisine. Tu l'entends te demander quelque chose. Tu coupes le son du téléviseur.

– Qu'est-ce que tu dis ?

– Tu veux une bière ?

Tu ne réponds pas. Tu viens d'entendre quelque chose, comme un souffle, sortir du babyphone.

Sylvain s'impatiente.

– Alors ? Bière ?

Si tu veux rejoindre Sylvain dans la cuisine pour vous éviter de crier, poursuis en **7**. Si tu préfères te concentrer sur le babyphone, rends-toi en **63**.

90

Si tu as coché la casquette et les lunettes au début de ton livre en page 11, ne lis pas le paragraphe ci-dessous et poursuis en **118**.

Tu entends soudain une voiture se garer dans l'allée. Au début, tu es soulagé·e. Anna sera bien obligée d'aller ouvrir au visiteur. Mais elle arrête de te menacer et recule d'un pas. C'est comme si elle considérait que ça ne servait plus à rien de te menacer. Évidemment, c'est la voiture de ton père !

Poursuis ta lecture en **111**.

91

Tu cherches « association parents-enfants », suivi du nom de ta ville. Tu tombes assez vite sur quelque chose qui pourrait correspondre. Dans « Agenda », tu trouves même trace de la fameuse semaine à laquelle ton père et Anna ont participé. A priori, l'association n'a rien d'étrange. Elle semble correspondre à ce que ton père t'a dit. Tu remarques tout de même qu'il y a beaucoup d'enfants de tous âges sur les photos. Normal pour ce genre d'association, mais tu comprends encore moins pourquoi ton père n'a pas emmené Arthur avec lui.

En fouillant encore un peu plus sur le site, tu remarques aussi qu'on parle souvent d'un prêtre qui semble accompagner chaque sortie. Qu'est-ce qu'il fait dans des journées parents-enfants ? À moins que ce soit un prêtre marié. Dans quelle religion c'est possible, ça, déjà ? Tu soupires, tu n'y connais rien ! Tes parents ont toujours été athées. Tu devrais poser plus de questions à ton père sur cette association. En tout cas, il n'y a rien d'alarmant de prime abord.

Si tu souhaites maintenant chercher des infos sur l'orphelinat d'Anna, continue en **150**. Si tu veux faire des recherches sur ses parents, rends-toi en **58**. Si tu préfères te reposer, continue en **102**.

92

Tu traverses le bureau sur la pointe des pieds. Avant de le quitter, tu passes la tête dans le couloir pour vérifier que la voie est libre. Tu entends ton père et le prêtre discuter. Anna ne parle pas, mais tu supposes qu'elle est toujours avec eux. En tout cas, tu l'espères de tout ton cœur !

Tu fais tourner la clé de la cave dans la serrure, ce qui fait un peu de bruit. Tu fais une grimace et tu ne respires plus jusqu'à ce que la porte soit refermée derrière toi. Tu marques une nouvelle pause et tu attends d'entendre les voix dans le salon. Puis tu utilises la lumière de ton portable pour ne pas tomber dans les escaliers. Tu t'arrêtes en bas des marches. Tu n'es vraiment pas rassuré·e tout·e seul·e dans le noir. Tu n'as jamais aimé descendre à la cave. On y croise souvent des souris et insectes peu ragoûtants, sans oublier l'atmosphère froide et humide.

Tu prends ton courage, et ton téléphone, à deux mains, et tu diriges le faisceau de gauche à droite. Tu vois soudain deux yeux briller au fond de la pièce. Tu retiens un cri. Puis tu vois une forme allongée sur le sol, trop grosse pour être une souris, qui regarde dans ta direction.

La silhouette se soulève péniblement et commence à prendre forme humaine.

– Papa ? demande-t-elle d'une voix rauque.

Tu mets ta main devant ta bouche pour te retenir à nouveau de crier, et tu sens des larmes couler sur tes doigts. Sous le choc, tu n'arrives plus à bouger. Cette silhouette toute maigre, hirsute et sale n'est autre que ton petit frère. Il est enfermé dans une cage pour chien d'un mètre de côté, dans laquelle tu n'aperçois rien d'autre qu'un seau et un bol vide.

– J'ai soif, Papa, murmure Arthur en essayant de se redresser encore un peu, sans pour autant y parvenir. Au contraire, il retombe lourdement sur le sol.

Tu recouvres peu à peu tes esprits et tu comprends l'urgence de la situation. Ton frère ne tiendra plus très longtemps. Il est à bout de force.

Si tu as envie de le prendre dans tes bras et le sortir de cette cage, poursuis en **74**. Si tu préfères ne pas te montrer à Arthur, te cacher dans la cave et attendre en silence, rends-toi en **101**. Si tu préfères appeler la police, va en **149**. Enfin, si tu veux chercher des éléments qui te permettront de comprendre pourquoi Arthur est dans un tel état, tu peux retourner au rez-de-chaussée regarder le prospectus sur le bureau de ton père, en **136**, retourner au 1er étage et écouter la conversation dans le salon, en **65**, ou encore aller voir dans la chambre d'Anna, en **128**.

93

Tu restes sur ta première idée : agir doucement et calmement pour ne pas la stresser davantage.

– Tu veux bien descendre ? demandes-tu gentiment. J'aimerais qu'on aille voir quelque chose ensemble à la cave.

Anna se lève d'un bond, ce qui te fait sursauter. Mais tu te forces à lui adresser un sourire pour lui montrer que tout va bien. Elle jette encore un œil au téléphone, puis elle descend sagement les deux marches. Tu lui montres le couloir de la main pour l'inviter à passer devant toi. Elle obéit sans rien dire. Tu te sens déjà un peu soulagé·e.

Continue en **66**.

94

Tu as envie de courir au rez-de-chaussée pour vérifier, mais Anna lâche un rictus. C'est apparemment plus fort qu'elle ! Tu l'observes. Elle a toujours les mains derrière le dos, et tu vois bien qu'elle doit se forcer pour ne pas sourire.

– Fais voir tes mains ! dis-tu sans ménagement.

L'expression d'Anna ne change pas d'un pouce. C'est comme si elle ne t'avait pas entendu.

Boum ! Un grand coup dans la porte te fait sursauter. On dirait que ton père cherche à l'enfoncer. Tu tends l'oreille sans lâcher Anna des yeux, mais les coups semblent s'être arrêtés. Tes yeux s'écarquillent quand tu comprends : la porte de derrière ! Ton père sera là dans un instant. Que devrais-tu faire ?

T'enfuir et courir chez Sylvain, en **13**. Vite voir en bas si Arthur n'y est pas avant que ton père arrive, en **67**. Forcer Anna à montrer ses mains, en **110**.

95

Tu restes derrière le canapé, sans bouger, durant plusieurs minutes. Puis tu entends Anna descendre deux marches et avancer dans le couloir en direction du bureau de ton père.

Si tu veux en profiter pour te cacher à l'étage, poursuis en **54**. Si tu préfères rester là, continue en **135**.

96

Attention ! Si Sylvain t'a déjà proposé une solution plus tôt par téléphone, poursuis en **113** sans lire ce paragraphe.

Heureusement Sylvain est là. Il est très surpris de te voir, mais il te laisse entrer sans discuter. Tu commences par lui demander s'il a vu Arthur ces derniers temps. Il te dit que non, pas depuis son retour de vacances.

– J'ai pourtant vu Anna rentrer de l'école plusieurs fois, poursuit-il. Et ton père rentrer du boulot.

Les paroles de ton ami sont loin de te rassurer. Ton père te cache quelque chose, c'est maintenant certain ! Et il était bien à la maison, donc il filtre tes appels !

– Je n'en peux plus… lâches-tu au bord des larmes.

Sylvain est embêté. Il n'a pas l'habitude de te voir dans cet état. Il t'emmène jusqu'à sa chambre et essaie de te réconforter tant bien que mal, mais, voyant que rien ne fonctionne, il ne dit plus rien pendant un moment.

– Je sais ! s'écrie-t-il soudain. La semaine prochaine je vais être seul à la maison pendant quelques jours. Je garde ma petite cousine d'1 an pendant que mes parents et ma tante partent aider ma grand-mère à ranger son garage. Tu pourrais rester ici avec moi et surveiller les allées et venues de ta famille.

Tu réfléchis un moment à la proposition de ton ami. C'est vrai que ça te permettrait de veiller sur Arthur sans que ton père s'en rende compte. Et de pouvoir agir rapidement au moindre problème.

– Je peux me faire porter pâle à la fac… murmures-tu pour approuver l'idée.

Sylvain est ravi. Il attrape tout de suite son ordinateur pour regarder les billets de train.

– Ce sera aussi l'occasion de discuter avec Max, ajoute-t-il en pianotant sur le clavier. Je lui dirais de passer à la maison.

Tu avais complètement oublié son ami policier ! C'est vrai qu'il a trouvé quelque chose qui pourrait t'intéresser. Tu as hâte de savoir de quoi il s'agit.

Une fois remis·e de tes émotions, tu te décides à retourner à la gare pour rentrer chez toi. Sylvain te promet d'ouvrir l'œil les prochains jours et de te prévenir au moindre événement. Décidément, que ferais-tu sans lui ? Tu lui fais une chaleureuse accolade avant de quitter sa maison.

Poursuis en **113**.

97

Tu regardes autour de toi. Anna se trouve à environ cinq mètres. Pour la rejoindre, tu vas passer entre le mur et l'escalier. Il y a une lampe de chevet branchée juste à ta gauche. Tu repères aussi une statuette en granit sur le buffet, juste derrière Anna. Enfin, tu pourrais attraper la grosse encyclopédie sur l'étagère à un mètre devant toi.

Pour prendre la lampe, rends-toi en **43**. Si tu veux la statuette, continue ta lecture en **86**. Enfin, tu peux attraper l'encyclopédie en **114**.

98

Tu décides d'aller te coucher aussi. Tu as prévu de te lever tôt le lendemain pour ne surtout pas louper la sortie de ta famille. Tu laisses donc lâchement Sylvain essayer de coucher sa cousine, qui a abandonné les sourires et qui répète maintenant « Maman ! » en pleurant.

Tu dors très mal. Non pas à cause de Nalah, qui finit par se calmer et s'endormir, mais par peur de ce que tu vas découvrir le lendemain.

À 6 heures, ton réveil sonne et tu files directement à la fenêtre de la chambre des parents de Sylvain. La voiture de ton père est toujours là, et il n'y a encore aucune lumière. Tu règles donc ton réveil pour 6 h 20 et te rendors sur le lit des parents. Tu continues comme ça, à te réveiller toutes les vingt minutes, jusqu'à 7 heures. Tu ne parviens ensuite plus à dormir. C'est vers 7 h 20 que tu vois une première lumière. Tu te dis soudain que tu ferais bien de noter tout ça. Tu attrapes donc un carnet, et ton espionnage commence vraiment.

Ce matin-là, tu vois ton père partir seul en voiture aux alentours de 8 heures. Puis plus rien.

Continue en 31.

99

Avec un tel nom, « Anne Martin », tu as énormément de résultats. Tu ajoutes donc « adoption ». Tu tombes alors sur une autrice de livres qui abordent le thème de l'adoption. Il y a peu de chance que ce soit la fille que tu cherches, mais tu cliques tout de même sur quelques pages. Elle semble être une psychologue qui a beaucoup étudié ce sujet. Tu finis par comprendre pourquoi : elle a été adoptée elle-même. Mais c'était en 1998. La femme avait alors 6 ans. Tu n'as pas besoin de faire le calcul, aucune chance qu'il s'agisse de ton Anna. Surtout que cette femme vit loin de chez ton père et que tu vois plusieurs photos d'elle avec ses enfants.

Encore une fausse piste. Tu décides d'arrêter ici, et tu ajoutes un point d'interrogation près du nom « Anne Martin ».

Si tu n'as pas encore fait de recherches pour chacune des filles, choisis-en une autre et rends-toi au paragraphe correspondant : Rivin en **141**, Scorzi en **122**, Barat en **35** ou Giraud en **109**. Si tu as déjà regardé toutes les filles, poursuis en **107**.

100

Tu ne t'arrêtes pas et tu files dans le bureau de ton père en refermant la porte derrière toi. Il n'y a pas de verrou, mais le gros fauteuil devrait suffire à bloquer le passage. Malheureusement, tu n'as pas le temps de le pousser à fond avant qu'Anna débarque. Elle parvient à entrouvrir la porte.

Tu ne penses pas qu'elle puisse passer, mais tu préfères ne pas prendre le risque. Tu rejoins vite la fenêtre. En passant devant le bureau, un prospectus attire ton attention : « Vos enfants seront pardonnés. » Il y a aussi une croix et le logo de l'association d'Anna et de ton père. Tu hésites à le prendre, mais en jetant un coup d'œil derrière toi, tu constates qu'Anna est en train de se glisser dans l'ouverture. Tu ne perds pas une seconde de plus et tu files par la fenêtre.

Tu cours dans la rue, du côté opposé à la maison de Sylvain. Tu ne veux surtout pas l'inquiéter et encore moins l'impliquer. Après deux cents mètres de course, tu t'aperçois qu'Anna ne t'a pas suivi·e. Tu te caches tout de même dans un local à ordures pour reprendre ton souffle. Cette fois, Anna aura appelé ton père, c'est sûr. Le temps qu'il revienne de son travail, tu arriveras peut-être à récupérer Arthur en évitant Anna ou en trouvant le moyen de l'immobiliser. Tu peux aussi appeler la police pour leur dire que ta folle de sœur a essayé de te planter avec un tournevis ! Et finalement, tu peux aussi revenir chez Sylvain en faisant un détour pour ne pas te faire repérer par Anna.

Si tu veux appeler la police, continue en **62**. Si tu veux y retourner, poursuis en **84**. Si tu veux aller chez Sylvain, rends-toi en **121**.

101

Ça te fend le cœur, mais tu préfères ne pas te montrer tout de suite à Arthur. Tu as trop peur qu'il te fasse repérer. Tu t'avances en veillant à ce que la lumière soit toujours sur lui pour l'éblouir, puis tu te caches derrière une pile de cartons. Tu prends une longue inspiration pour te donner du courage avant d'éteindre la lumière. Arthur ne réagit pas, et bientôt, il se met à respirer plus fort. Tu supposes qu'il s'est endormi. Tu attends là durant de longues minutes. Tu n'entends rien de ce qu'il se passe en haut.

Tu profites de cette pause pour regarder ton téléphone en veillant à ce qu'Arthur ne puisse pas voir la lumière. Tu as des dizaines de SMS de Sylvain. Tu l'avais un peu oublié, mais il doit être mort d'inquiétude. Tu découvres d'ailleurs avec horreur qu'il t'a envoyé un message il y a quelques minutes :

> Je m'en fiche, je viens !

Tu essaies de l'appeler, mais il ne décroche pas. Le stress monte. Et s'il lui arrivait quelque chose, à lui aussi ? Tu t'en voudrais tellement !

Ce n'est qu'au bout d'une vingtaine de minutes, qui te paraissent interminables, que Sylvain te rappelle. Tu décroches mais tu parles tout bas de façon presque imperceptible.

– Allo ?

– Alex ! Tu vas bien ? T'es où ?

– Ça va, ça va. J'ai trouvé Arthur. Je suis dans la cave avec lui.

– Quoi ? Ton père t'a enfermé·e ?

– Non, non.

Arthur se met à remuer. Tu raccroches au nez de Sylvain et tu verrouilles ton téléphone.

– Papa ? demande à nouveau le petit garçon.

Tu ne fais plus un bruit et tu gardes ton téléphone serré contre toi pour cacher la lumière : Sylvain est déjà en train de te rappeler.

Arthur se met à pleurer.

– Papa ! Promis, je serai sage. Donne-moi à boire, s'il te plaît ! Papa !

Tu te remets à pleurer, toi aussi.

Si tu veux encore attendre, continue ta lecture en 133. Si tu préfères appeler la police, va en 149. Enfin, si tu souhaites chercher des éléments qui te permettront de comprendre pourquoi Arthur est dans un tel état, tu peux retourner au rez-de-chaussée regarder le prospectus sur le bureau de ton père, en 136, retourner au 1er étage et écouter la conversation dans le salon, en 65, ou encore aller voir dans la chambre d'Anna, en 128.

102

Tu fermes ton ordinateur portable et tu te cales contre le dossier de ta chaise de bureau en soupirant. Tes recherches ne mènent à rien. C'est impossible de t'en sortir tout·e seul·e ! Tu ne sais pas par où commencer, tu ne sais pas comment faire. Dans un élan de désespoir, mais aussi de curiosité, tu finis par rouvrir ton ordinateur et par taper « détective privé » dans la barre de recherches. Tu tombes sur plusieurs sites Internet qui ont l'air sérieux, mais tu finis par trouver le prix approximatif sur un forum. Des centaines d'euros ! Tu n'as vraiment pas de quoi t'en payer un. Tu as déjà à peine de quoi t'acheter des pâtes avec ta bourse et ce que te donne ton père ! Non, vraiment, tu ne vois pas de solution. Tu te demandes si tu ne commences pas à devenir dingue avec toute cette histoire.

Tu hésites à appeler ton père pour prendre des nouvelles, mais au bout de seulement deux jours, il risque de mal le prendre, comme si tu ne lui faisais pas confiance (ce qui n'est pas faux !).

Tu appelles donc Sylvain. Il devait rentrer de vacances hier soir.

– Alex ?

– Alors, ces vacances ?

– Trop cool ! Je t'emmène la prochaine fois, la neige était excellente !

Tu écoutes ton ami te raconter ses vacances, mais il se rend vite compte que quelque chose te tracasse.

– Tu ne m'appelles pas pour ça, pas vrai ? dit-il amusé.

– C'est vrai... désolé·e. C'est encore à propos d'Anna. Tu vas penser que je débloque, mais je le sens vraiment pas. Cette fois, ça y est, je m'inquiète vraiment pour mon frère. J'ai l'impression qu'il se passe quelque chose d'anormal à la maison.

– Mmmh... Tu veux que je les espionne pour toi ?

– Ouh là, non ! Ils vont te repérer direct ! réponds-tu en riant. Mais figure-toi que j'ai quand même réfléchi à engager un détective privé.

– Sérieux ?

Tu penses qu'il va t'en dissuader, mais au contraire, il te demande pourquoi tu ne poursuis pas cette piste. Tu lui expliques alors que ce n'est pas dans tes moyens, mais que tu en aurais pourtant vraiment besoin.

– Écoute, je sais pas si ça va t'aider, mais j'ai un pote qui vient juste de finir son école de police et qui est en poste justement vers chez nous. Il doit avoir accès à des trucs.

Tu ne penses pas qu'un policier ait le droit de faire ça, mais Sylvain insiste pour au moins lui poser la question. Tu lui donnes donc le nom complet d'Anna. Sait-on jamais ?

Le lendemain, tu décides de mettre tes recherches en pause jusqu'au week-end suivant. Tu comptes bien avoir ton année de psycho, et pour ça, il faut étudier ! Le mercredi en fin de journée, Emy, une camarade de classe, vient chez toi pour réviser. Tu mets de l'eau à bouillir pour le thé tandis qu'elle s'installe dans le salon.

– Euh, ton tableau chelou, là, on peut l'effacer pour l'utiliser ?

Tu te précipites vers elle pour l'empêcher d'y toucher en criant « surtout pas ! » Emy reste interdite. Décidément, cette histoire commence à te monter à la tête. Il faut que tu te calmes ! Tu entends ton téléphone sonner dans ta chambre. Sauvé·e par le gong ! Ce sont peut-être des nouvelles d'Arthur. Mais quand tu le récupères sur le bureau, tu constates que c'est un numéro inconnu.

Si tu préfères ne pas répondre, continue en **108**. Si tu veux décrocher, rends-toi en **87**.

103

Tu restes devant la porte sans bouger et tu réfléchis à l'excuse que tu pourrais donner à Anna pour détendre l'atmosphère et cacher ta colère.

– Je me suis dit que j'allais vous faire une surprise.

– C'est surprenant, effectivement.

Anna sourit et ne bouge pas non plus. Tu constates que le manuel qu'elle tient dans les mains est un guide pour monter un lit.

– Tu bricoles ?

Anna pose le manuel à côté du tournevis.

– On devrait appeler Papa, il serait content de te voir.

– Ce n'est pas la peine.

– J'insiste ! dit Anna en se levant et en s'approchant du téléphone. Alors qu'elle décroche le combiné, tu t'apprêtes à arracher le fil, mais elle te menace avec le tournevis qu'elle avait dû récupérer en se levant, sans que tu t'en rendes compte.

– Tu as raison après tout, dit-elle en reposant le combiné. On n'a pas besoin de lui.

Anna approche le tournevis de ta gorge.

Si tu as vu ton père sonner chez Sylvain récemment, rends-toi en **90**. Sinon, poursuis ta lecture en **118**.

104

Tu te dis qu'après tous tes appels et les fois où tu as remis la parole de ton père en doute, ce n'est peut-être pas une bonne idée. Il saurait que c'est toi qui as appelé la police, et il sera d'autant plus vigilant. Mais Maxime pourrait t'être utile pour autre chose.

– As-tu un accès aux noms des patients dans les hôpitaux ?

– Non, mais je peux me renseigner. C'est assez calme en ce moment, alors si je peux t'être utile.

– Si tu veux bien chercher le nom de mon petit frère...

Maxime accepte immédiatement. Puis vous prenez un café en attendant le retour de Sylvain.

Le soir, tu reprends ton espionnage à la fenêtre et tu vois ton père revenir avec Anna vers 17 heures. Tu as raté le moment où elle a quitté la maison. Sûrement quand tu parlais à Maxime.

Ton père et la jeune fille portent tout un lot de cartons pliés. Tu te demandes bien ce qu'ils fabriquent.

Si tu es allé·e chez toi avant d'aller voir Sylvain la semaine dernière, poursuis en 5. Sinon, poursuis en 89.

105

Si Anna a pris un tournevis, c'est qu'elle a peur de toi ou qu'elle veut te faire peur, voire te blesser. Dans tous les cas, il n'y a rien d'anodin à cela. Pourquoi avoir pris le tournevis sinon ?

Ça fuse dans ta tête.

Devrais-tu avancer encore vers elle, en **22** ? Ou bien partir vers le salon et voir comment elle réagit, en **83** ? Ou encore, chercher toi aussi une arme, en **97** ?

106

Tu veux bien que Sylvain appelle la police et leur dise ce qu'il sait, mais tu préfères rester en dehors de ça. Tu n'as plus le courage d'affronter ton père.

Quelques jours plus tard, Sylvain t'appelle.

– Alex, on a retrouvé Arthur. Il faut que tu viennes ici. Je t'expliquerai.

Sylvain ne veut pas t'en dire plus. Il insiste pour que tu viennes le plus vite possible. À sa voix, tu comprends qu'il s'est passé quelque chose. Tu prends donc le premier train pour retourner dans ta ville natale. Ton ami te retrouve à la gare. Malgré tes questions, il ne parle pas jusqu'à ce que vous arriviez au commissariat. À l'accueil, il dit qu'il veut voir son ami, Maxime.

Le policier vous emmène sans aucune émotion dans une petite salle de réunion. Il ne vous adresse pas un sourire et garde un air grave.

– Je suis ravi de te rencontrer enfin. Sylvain m'a beaucoup parlé de toi.

Tu ne réponds pas. Maxime se racle la gorge avant de poursuivre. Il échange régulièrement un regard avec Sylvain. Tu découvres bientôt ce qu'ils te cachent.

– Après que Sylvain nous a signalé la disparition de ton frère, nous sommes allés interroger ton père. On n'avait pas de mandat pour rentrer chez lui, on voulait déjà avoir sa version de l'histoire. Malheureusement… le lendemain, lui et Anna ont déménagé.

Tu regardes le policier, puis Sylvain qui garde la tête baissée. Ton cœur commence à battre plus fort, mais tu attends la suite.

– On a fouillé la maison. Ils avaient tout emporté avec eux. Enfin, presque tout. On a trouvé quelque chose dans la cave… On a retrouvé… une cage pour chien.

Maxime parle de plus en plus lentement, comme s'il attendait une réaction de ta part.

– Il y avait un seau rempli d'excréments à l'intérieur. On l'a analysé. Ça correspond à l'ADN de ton frère, Alex.

Tes yeux commencent à te piquer et à s'embuer. Tout ce temps… il était là. Juste là, dans la cave. Tu aurais pu le chercher. Tu te racles la gorge, mais ta voix est tout de même enrouée.

– Et… et ils sont où maintenant ?

Maxime regarde à nouveau Sylvain avant de te répondre. Il se penche au-dessus de la table.

– On a retrouvé leur voiture à deux heures d'ici, abandonnée près d'une forêt. On cherche toujours ton père et Anna.

Tu te fiches bien de ton père et d'Anna ! Pourquoi ne parle-t-il pas d'Arthur ? Mais le nœud dans ta gorge est de plus en plus gros. Tu n'arrives même plus à parler.

– On fera tout ce qui est en notre pouvoir pour les trouver. Et Arthur... lui, on l'a retrouvé. Il était dans la forêt, attaché à un arbre. Il y avait trois autres enfants avec lui. Ils formaient un carré, tous attachés à des arbres. On a tout de suite pensé à un rite, une cérémonie. Probablement une secte. On n'en sait pas beaucoup plus pour l'instant.

Tu en as assez qu'il tourne autour du pot. Tes yeux sont maintenant remplis de larmes.

– Où est Arthur ? parviens-tu à demander.

Maxime baisse la tête, Sylvain te prend la main.

– Il était déjà mort.

L'histoire s'arrête là. Malheureusement, tu n'as pas toujours pris les bonnes décisions et ton frère est mort. De plus, ton père et Anna sont en cavale, et tu ne sais pas comment ils en sont arrivés là. Tu devrais donc recommencer au début et faire de meilleurs choix pour sauver ton frère la prochaine fois.

107

Après plus d'une heure de recherches, ta liste ressemble à ça :

~~Anna Riwin, née en 2012~~

Anna Scorzi, née en 2011 ?

Anna Barat, née en 2010 / Anne Barot ?

~~Anne Giraud, née en 2008~~

Anne Martin, née en 2011 ?

Au lieu de chercher un peu au hasard dans les milliers de pages Internet possibles pour Anna Scorzi et Anne Martin, tu décides de poursuivre tes investigations autour d'Anna Barat ou Anne Barot. Tu te replonges donc dans l'article que tu avais mis de côté.

Si tu as envie de le relire, retourne en **35**. puis reviens ici.

Tu commences par taper « Soufia, Barot » dans un nouvel onglet, mais tu ne trouves rien de plus que l'article. Tu retires donc « Barot » pour en savoir plus sur le village en lui-même. Il se trouve à plusieurs heures de route de chez ton père. Il n'est pas très grand : à peine plus de cinq cents âmes, et ce n'est pas un endroit très touristique, tu as donc du mal à en savoir plus.

Tu repenses bientôt à Sylvain et son ami policier. Tu lui envoies un SMS :

> Hey ! Tu peux demander à ton pote de regarder aussi Anne Barot, dans le village de Soufia ? Ça pourrait être lié à Anna. Peut-être sa mère biologique.

> OK

Puis tu penses à la femme de l'orphelinat, Mme Dutronc. Elle pourrait peut-être t'en dire un peu plus. Tu l'appelles immédiatement, mais il est trop tard et tu tombes sur sa messagerie. Tu lui envoies donc un mail. Elle y répond deux jours plus tard.

« Je veux bien vous aider encore une fois, mais ensuite, je vous prierai de ne pas me recontacter. Vous comprenez, je ne peux pas faire ça avec toutes les personnes qui m'appellent. Anna Barat ne vient pas d'un orphelinat. Tout ce que je peux vous dire, c'est que son adoption a été enregistrée à Bourg-en-Bresse. »

Cette fois, il n'y a plus de doute, c'est bien ton Anna ! C'est la grande ville la plus proche de chez ton père. Tu te doutes que Mme Dutronc ne sera pas très contente, mais tu n'hésites pas une seconde et tu la rappelles.

– Je suis sincèrement désolé·e, mais c'est bien la fille que je cherche. Elle a été adoptée tout près de chez mon père. Je vous en prie, j'ai besoin de savoir d'où elle vient !

Mme Dutronc s'énerve effectivement et te répond sèchement qu'elle ne peut rien te dire de plus. C'est confidentiel. Seul ton père pourrait avoir accès à quelques informations supplémentaires.

– Néanmoins, je ne crois pas que ce soit la peine, poursuit la femme. Il n'y a quasiment rien dans ce dossier. C'est comme si cette jeune fille était apparue tout à coup sans qu'on sache d'où elle vient. Maintenant, je vous prie de me laisser tranquille.

La femme raccroche sans attendre de réponse. On dirait bien que tu as grillé ta carte de l'orphelinat, mais au moins, tu sais maintenant qu'Anna t'a menti sur son véritable nom de famille. À moins que… Anna aurait-elle fait exprès de t'en donner un si éloigné du sien ? Avait-elle peur que tu découvres quelque chose à son sujet ?

En tout cas, tu sais aussi que ton père a menti en te disant qu'elle venait d'un orphelinat. Alors comment se sont-ils rencontrés ?

Le lendemain, Sylvain te rappelle. Tu lui expliques tout ce que tu as découvert. Quand tu as terminé, il ne répond rien.

– T'es toujours là ?

– Oui, oui, c'est juste que… je trouve pas le lien entre Anna et Anne Barot si évident. Ça pourrait être une simple coïncidence.

– Je ne sais pas. Elles ont toutes les deux eu le même genre de problèmes familiaux. Et si Anne était la mère biologique d'Anna, et qu'elle l'avait abandonnée parce qu'elle a vu qu'elle menait une vie comme celle de ses parents : entre alcoolisme et violence ? Elle a peut-être voulu la protéger en l'abandonnant, et elle lui a donné son prénom pour garder une trace d'elle.

Ton ami n'est pas convaincu. Tu restes interdit·e. Tu étais si sûr·e de toi… et maintenant, tu doutes. Mais Sylvain reprend :

– Bon, en tout cas, Maxime, mon pote flic, m'a dit qu'il n'avait rien trouvé à propos d'Anna Marek, mais pour Anne Barot, il a trouvé des infos. Il ne peut pas t'envoyer le dossier, mais il m'a dit que tu pouvais lui poser des questions.

Tous tes espoirs ressurgissent d'un coup.

– Super, tu m'envoies son numéro ?

– Non, je ne peux pas. Il m'a dit que vous devrez en discuter de vive voix. C'est déjà un peu tendu pour lui de fouiller comme ça, alors il veut laisser le moins de trace possible. Il habite tout près de chez nous. Dis-moi quand tu reviens et je vous arrangerai un rendez-vous.

– Bon, OK.

Tu vas devoir prendre ton mal en patience.

À la fin de la semaine, le samedi matin, Fatou est de retour. Ça te fait tout de suite beaucoup de bien de ne plus te retrouver seul·e avec tes pensées et d'avoir une présence joyeuse. Fatou remarque immédiatement que tu n'es pas au top de ta forme, et elle propose d'organiser une soirée pour te remonter le moral. Le soir même, une dizaine d'amis rejoignent votre appartement. Tu passes un très bon moment à ne plus penser à rien d'autre que la fac, les profs et tes futurs examens, et à avoir des discussions tout ce qu'il y a de plus classique pour un·e jeune étudiant·e.

Après le départ de vos amis, Fatou et toi passez le reste de la nuit à discuter en vous partageant le reste d'une bouteille de vin. Tu ne t'étais pas rendu compte à quel point elle t'avait manqué ! Tu lui racontes tout ce qu'il s'est passé durant les vacances d'hiver et ce que tu as découvert cette semaine. Fatou t'écoute avec attention. Cette fois, elle n'essaie pas de te rassurer, elle semble prendre cette histoire plus au sérieux.

– J'espère que ça va aller pour ton petit frère. Tu as eu de ses nouvelles depuis les vacances ?

Tu as été tellement pris·e par tes recherches que tu en as oublié Arthur. Ton père avait promis de te donner des nouvelles, mais tu n'as pas eu un seul message de la semaine.

– En tout cas, je suis là si t'as besoin d'aide, dit Fatou en se levant du canapé. Enfin, pas avant 13 heures, je vais me coucher !

Tu salues ton amie et restes un instant sur le canapé à regarder dans le vide. Quelle drôle d'histoire quand même. Puis tu vas te coucher à ton tour.

Le lendemain matin, tu te lèves tard. Tu as un peu abusé sur l'alcool la veille, et tu ne te sens pas très bien. Heureusement que tu as toute la journée pour te remettre de la soirée. Tu lances un film dans ton lit.

Deux heures et demie, c'est le temps qu'il te faut pour trouver le courage de te lever et te faire un café. Il est bientôt 15 heures quand tu prends ton « petit-déjeuner », et toujours pas trace de ton amie. *Heureusement que je n'avais pas besoin d'elle aujourd'hui !* penses-tu amusé·e.

Puis tu repenses à ta famille. Tu pourrais appeler la maison aujourd'hui, en **45**, ou bien attendre encore une semaine et plutôt retourner dans ton lit regarder un autre film, en **144**.

108

Tu mets ton téléphone en silencieux et tu retournes dans la cuisine pour préparer les deux thés. Quand tu rejoins Emy, elle est en train de regarder ce que tu as écrit sur le tableau blanc.

– Alors, tu m'expliques ?

Tu n'en as vraiment pas envie. Tu pousses un soupir pour te donner quelques secondes de réflexion.

– C'est une idée de roman. C'est un peu bête, et je ne l'écrirai probablement jamais.

Tu vois qu'Emy a encore des questions, mais tu la prends de court en lui proposant de commencer les révisions.

Vous y passez près de deux heures, et ça te fait du bien de te sortir toutes ces histoires de la tête pour te replonger dans les études. Tu ne connaissais pas très bien Emy, mais elle est plutôt sympathique, bien que très curieuse de tout ce qui se trouve dans ton appart'. Tu as dû la rappeler à l'ordre plusieurs fois.

Après son départ, tu retournes dans le salon pour relire tes fiches et vérifier que tu n'as rien oublié. Mais tu lâches vite l'affaire et tu regardes ton téléphone. Tu as un appel manqué du numéro masqué de tout à l'heure. La personne t'a laissé un message vocal.

« Bonjour, c'est Mme Dutronc, de l'orphelinat. Je vous rappelle au sujet d'Anna Marek. Je n'ai malheureusement rien trouvé, même sur le fichier national, il n'y a aucune trace de ce nom de famille, ni rien qui y ressemble… »

Tes épaules s'affaissent. Et voilà, encore une porte qui se ferme. Mais le message n'est pas terminé.

« … Par contre, j'ai trois Anna et deux Anne qui ont été adoptées dans vos dates et qui ont entre 11 et 14 ou 15 ans. Seulement deux d'entre elles venaient d'orphelinats, mais je peux tout de même vous envoyer la liste. Rappelez-moi si ça vous intéresse. »

Tu ne peux pas rappeler le numéro inconnu, mais tu retrouves le numéro de l'orphelinat que tu avais appelé il y a quelques jours. Tu tombes rapidement sur la messagerie : le bureau est fermé à cette heure-ci.

Ce n'est que le lendemain en fin de journée que tu arrives à joindre Mme Dutronc pour lui donner ton adresse mail. Elle t'envoie immédiatement la liste en te précisant qu'elle n'a pas le droit de t'indiquer plus que l'ancien nom de famille des jeunes filles et leurs années de naissance.

Choisis par qui tu veux commencer et rends-toi au paragraphe correspondant. Rivin en 141, Scorzi en 122, Barat en 35, Giraud en 109 ou Martin en 99.

109

En cherchant « Anne Giraud » sur Internet, tu tombes assez rapidement sur une page Facebook qui semble correspondre. La fille est bien âgée de 15 ans et vit dans une ville à l'autre bout du pays. Tu n'as pas besoin de chercher plus loin, tu vois bien que ce n'est pas ton Anna sur la photo. Tu la barres donc de ta liste.

Tu veux regarder ce que tu trouves sur les autres filles ? Va au paragraphe que tu souhaites : Rivin en 141, Scorzi en 122, Barat en 35 ou Martin en 99. Si tu as déjà regardé toutes les filles, poursuis en 107.

110

– Tes mains ! cries-tu en tirant sur le bras gauche d'Anna.

Dommage, ce n'était pas le bon ! Avec sa main droite, elle lève une lourde statue en bronze au-dessus de sa tête et l'abat sur ton crâne.

Poursuis en **38**.

111

Ton père est déjà en train de sortir de la voiture. Il va falloir prendre une décision et vite !

Si tu souhaites attendre ton père et l'affronter, rends-toi en **82**. Pour filer par la porte arrière et te cacher dans le jardin, va en **123**.

112

Tu commences à descendre les marches. Elles sont en bois et peuvent être très bruyantes si on ne sait pas où mettre les pieds. Heureusement, tu le sais, toi, après toutes les fois où tu es descendu·e en douce pour regarder la télé durant la nuit quand tu étais petit·e. Tu parcours donc l'escalier sur le côté, au ras du mur, sauf pour les deux dernières marches : il vaut mieux aller du côté de la barrière, où le bois grince moins. Arrivé·e en bas de l'escalier, tu es presque essoufflé·e. Tu ne t'en étais pas rendu compte, mais tu as retenu ton souffle durant presque toute la descente. Pourtant, tu ne peux pas t'arrêter là et encore moins pousser un soupir de soulagement ! Tu ne prends pas le risque de jeter un coup d'œil au salon et tu avances jusqu'au bout du couloir. Tu essaies de tourner la poignée de la cave, mais la porte est verrouillée. Tu regardes derrière toi, le bureau de ton père est ouvert. Tu te glisses à l'intérieur. La lumière a bien baissé depuis tout à l'heure, mais tu y vois encore assez clair sans avoir besoin d'allumer.

Tu contournes le bureau pour chercher la clé dans les tiroirs. Tu trouves la bonne dans le premier, mais, sur le bureau, tu es aussi interpellé·e par le prospectus avec le logo de l'association de ton père et d'Anna et la phrase « Vos enfants seront pardonnés ».

Si tu veux aller directement à la cave sans perdre de temps, poursuis ta lecture en **92**. Si tu préfères t'asseoir un instant pour regarder le prospectus, rends-toi en **136**.

113

Le mercredi suivant arrive très vite. Pour plus de discrétion, Sylvain t'a demandé de quitter ton train une station avant. Tu le retrouves sur le quai, où il attendait en remuant une poussette devant lui.

– Bienvenue, nounou n°2 !

Tu lui fais une accolade avant de regarder la petite fille qui t'observe avec de grands yeux sans bouger d'un pouce.

– Alex, je te présente Nalah. Nalah, je te présente Alex. On va bien s'amuser tous les trois !

Tu adresses un pauvre sourire à Sylvain. Tu lui es reconnaissant·e d'essayer de détendre l'atmosphère, mais tu n'es pas là pour t'amuser. Heureusement, il en a

bien conscience, et il te fait une petite tape sur l'épaule en ajoutant :

– Et on va retrouver Arthur, évidemment.

Toujours dans un souci de discrétion, vous prenez un verre dans un café près de la gare en attendant qu'il fasse nuit. Sylvain a tout prévu. Il te déposera dans la rue qui passe derrière sa maison avant de rentrer par l'avant avec Nalah. Tu auras juste à traverser le jardin des voisins, qui sont absents en ce moment, et à entrer par la cuisine.

– Ton père ne risque pas de te voir !

Plus tard, Sylvain vous conduit tous les trois dans la voiture de ses parents, qu'ils lui ont laissé pour la semaine. Il t'explique qu'il a fait le plein de courses, de quoi tenir un siège. Tu n'auras pas besoin de sortir de la maison, et Sylvain pourra passer plus près de chez toi pour voir ce qu'il s'y passe, en prétextant des balades en poussette avec Nalah.

– J'ai aussi un cadeau pour toi. Ouvre la boîte à gants.

Tu y découvres une paire de jumelles.

– Ce n'est pas de la super qualité, mais je n'en avais pas. Je pense que ça va te servir pour espionner ton père.

Tu le remercies, mais tu te dis que cette situation est absolument grotesque. Espionner sa propre maison, sa propre famille... Est-ce que c'est vraiment une bonne idée ?

Il est encore temps de tout arrêter. Si tu veux que Sylvain te ramène à la gare et oublier toute cette histoire, poursuis en **29**. Si tu veux continuer, rends-toi en **72**.

114

Tu choisis l'encyclopédie, car tu seras un peu plus proche d'Anna et tu pourras agir plus vite. Tu attrapes le livre avec calme dans la bibliothèque. Anna se retourne pour regarder ce que tu fais. Tu ne lui laisses pas le temps de réagir et tu cours vers elle, tenant l'encyclopédie à bout de bras devant toi. Quand tu n'es plus qu'à un mètre, tu lèves le livre le plus haut possible et tu abats sa tranche sur la tête de l'adolescente. Elle tombe, mais elle est encore consciente. Tu hésites à l'attacher, mais elle reprend déjà ses esprits. Tu vois son regard changer. Il est empli de haine. Et elle pousse un cri de colère. Elle lève son tournevis, prête à te le planter dans la jambe. Tu es heureusement plus rapide, et tu la frappes à nouveau avec l'encyclopédie. Cette fois, sa tête tombe lourdement sur le sol : elle est assommée.

Continue en 48.

115

Tu appelles immédiatement Maxime pour lui expliquer la situation. Une dizaine de minutes plus tard, il vous rejoint. En constatant l'état de la maison, il vous demande de retourner tous les trois chez Sylvain.

– Je jette un œil et je vous rejoins.

Avant de quitter la maison, tu le vois enfiler une paire de gants. Tu te crois vraiment dans un mauvais film.

Sylvain, Nalah et toi rentrez à la maison, mais tu restes à la fenêtre, les yeux rivés sur celles de ton père.

Maxime ne revient qu'une heure plus tard. Il te demande de t'asseoir et se place dans un fauteuil en face de toi. Il se penche et tu sens qu'il hésite avant de prendre la parole.

– Alex... J'ai dû appeler des renforts. Ils arriveront d'une minute à l'autre. N'essaie pas de retourner chez toi. Il faut que tu restes ici avec Sylvain. J'enverrai quelqu'un vous voir.

Tu ne comprends pas pourquoi Maxime te donne toutes ces indications. Mais il finit par lâcher le morceau.

– J'ai trouvé quelque chose dans la cave.

Maxime ne dit plus rien. Il te regarde dans les yeux. Il prend une grande inspiration avant de poursuivre.

– Il y a une cage dans laquelle j'ai trouvé un seau rempli d'excréments.

Tu fronces les sourcils sans comprendre, ou plutôt, sans *vouloir* comprendre.

– Des excréments humains. Je vais les envoyer au labo, mais je n'ai pas trop de doute sur le résultat, car j'ai aussi trouvé un paquet de vêtements très sales, des vêtements d'enfants.

– Et Arthur ?

Maxime baisse la tête et soupire à nouveau.

– Il n'y était pas.

Quelques jours plus tard, tu apprends une terrible nouvelle. Le corps d'Arthur a été retrouvé dans un bois à deux cents kilomètres de chez toi. Mais il n'était pas seul. Les corps de trois autres enfants l'accompagnaient. Tous étaient incroyablement maigres, mais ils ne sont pas morts de faim, ils ont été égorgés. Vu la disposition des corps, la police penche pour un rite religieux. Ce serait l'œuvre d'une secte. Mais faute de preuves, ils ne retrouveront jamais les coupables. Ton père et Anna ne reparaîtront jamais, eux non plus.

Cette histoire s'arrête là, et ça ne pouvait pas être pire : ton petit frère est mort, et ton père et Anna ont réussi à s'enfuir. Tu n'as plus qu'à recommencer depuis le début en essayant de faire de meilleurs choix, cette fois-ci.

116

Tu prends encore quelques secondes pour réfléchir et reprendre ton souffle, puis tu te lèves d'un bond. Cette fois, tu ne peux plus attendre, tu dois y aller. C'est ce que tu dis à Sylvain, mais il semble inquiet.

– Attends. Tu ne vas pas y aller seul·e. On ne sait pas ce qu'il se passe dans cette maison.

– Il n'y a personne, j'ai vu mon père partir ce matin, et ils ne rentreront pas avant 16 h 30 ou 17 heures ce soir. Ça me laisse plus d'une heure pour chercher Arthur.

Sylvain ne paraît pas convaincu, mais tu sais qu'il ne peut pas te suivre, il doit rester avec Nalah. Tu ne lui laisses donc pas le choix et tu rejoins l'entrée pour enfiler tes chaussures.

Juste avant de sortir, tu hésites. Devrais-tu y aller franco, comme si tu rentrais normalement chez toi, ou bien mettre une casquette et des lunettes et y aller discrètement ?

Si tu veux mettre une casquette et des lunettes avant de sortir, note-le au début du livre en page 11, puis poursuis ta lecture ci-dessous. Si tu préfères ne pas perdre plus de temps et sortir tout de suite pour rejoindre ta maison, continue sans rien noter.

Tu ne perds pas plus de temps et tu quittes la maison de Sylvain, malgré ses protestations. Tu marches d'un pas rapide dans la rue, en regardant par-dessus ton épaule pour vérifier que personne n'est là. À cette heure-ci, en semaine, il n'y a heureusement aucun voisin dans la rue.

Tu arrives dans l'allée. Alors que tu es sur le point de te diriger vers la porte principale, tu te demandes si tu ne devrais pas passer par derrière.

Rends-toi en **52** si tu veux passer par devant, ou en **119** si tu veux faire le tour et entrer par derrière.

117

Tu contournes la maison pour entrer par derrière. La porte est verrouillée, mais ton père a l'habitude de cacher une clé sous une statuette de hérisson. Tu la trouves effectivement, mais alors que tu l'approches de la serrure, tu entends une voiture se garer dans l'allée. Tu reposes

la clé pour revenir vers l'avant de la maison. Ton père et Anna sont en train de descendre de la voiture.

– Anna, rentre dans la maison, dit ton père en te voyant.

Il lui donne un sac de courses et s'approche de toi à vive allure.

– D'où tu sors comme ça ?

Il est si furieux que ta propre colère est retombée comme un soufflé.

– Calme-toi, j'allais juste regarder si la porte de derrière était ouverte quand je vous ai entendus. Arthur est avec vous ? demandes-tu en regardant par la vitre arrière de la voiture.

– Ça ne va pas recommencer !

– Tu n'as pas tenu ta promesse. Tu devais me donner des nouvelles et tu ne réponds jamais au téléphone !

Ton père part dans des explications sans montrer le moindre signe d'hésitation. Il aurait perdu son portable et n'aurait pas regardé le répondeur du fixe puisque jamais personne n'appelle dessus.

– *Moi*, j'appelle dessus !

Mais ton père continue sur sa lancée et t'explique qu'Arthur est malade et qu'ils ont dû l'emmener à l'hôpital.

– Tu t'inquiètes déjà inutilement, je n'avais pas envie d'en rajouter. Il a dû se faire opérer de l'appendicite. Je voulais t'en parler à son retour, justement pour que tu ne débarques pas comme ça à l'improviste.

Tu ne sais plus si tu dois encore croire ton père, mais une chose est sûre :

– Je veux le voir.

– C'est impossible, on ne peut pas le voir. Ils ont dû le transférer dans un hôpital à deux heures d'ici.

Ton père semble en avoir soudain marre de se justifier. Il te tire par le bras pour t'écarter de la maison.

– Rentre chez toi, Alex. Et ne reviens pas.

Tu sais que ton père te ment. Ses histoires ne tiennent pas debout. Rapidement, deux options se dessinent dans ton esprit.

Si tu veux te dégager et courir vers la maison pour rechercher Arthur, poursuis en **85**. Si tu préfères laisser tomber et aller chez Sylvain pour réfléchir à tout ça, rends-toi en **96**. En tout cas, tu perds un point de sympathie : ton père se méfie plus que jamais de toi. Note-le au début de ton livre en page 11.

118

Face à la menace d'Anna, tu recules doucement avec tes mains en l'air en signe d'apaisement. Mais tu es bientôt bloqué·e contre le mur.

Si tu veux attraper la lampe de chevet qui se trouve sur une table juste à côté de toi et qui est branchée, poursuis en **125**. Si tu préfères te glisser dans le salon, continue en **83**.

119

Tu continues jusqu'à l'arrière de la maison. Tu soulèves la statuette de hérisson pour y récupérer la clé, et tu entres dans la buanderie. Une fois à l'intérieur, tu marques une pause et tu tends l'oreille. Il n'y a pas un bruit.

Avant de poursuivre vers la cuisine, tu te rends soudain compte d'à quel point la buanderie est vide. La machine à laver n'est plus là, ni tous les produits d'entretien et les conserves qui s'y trouvaient. Il ne reste plus que des placards vides. Et tu constates que c'est la même chose dans la cuisine. Il ne reste presque plus rien !

Tu jettes un coup d'œil dans le salon. Il n'y a personne. Mis à part la table, le canapé et quelques meubles, il n'y a que des cartons remplis à ras bord. Ton père compte déménager ? Sans t'en parler ? Tu n'en reviens pas. Comment peut-on faire une chose pareille ?

Ta colère monte, si bien que tu ne fais plus attention, et tu t'apprêtes à rejoindre le couloir sans regarder si la voie est libre. Heureusement, un bruit de papier te stoppe tout de suite, comme si quelqu'un tournait les pages d'un livre. Tu te caches derrière le canapé et tu essaies de respirer le moins fort possible pour écouter. Tu entends ton cœur battre de plus en plus vite. Tu dois te calmer !

Soudain, un soupir. Tu crois reconnaître Anna. Puis elle se met à fredonner. C'est bien elle. Sa voix semble venir de l'entrée ou du bas des escaliers. Tu ne peux pas accéder à la cave sans passer devant elle.

Si tu veux y aller quand même et affronter Anna, poursuis en **131**. Si tu préfères attendre un peu de voir ce qu'il se passe, poursuis ta lecture en **95**.

120

Heureusement il n'est pas encore trop tard et la directrice de l'école décroche. C'est ton ancienne professeure, donc elle te connaît bien.

– Quelle bonne surprise ! Alors, comment va Arthur ? Rien de grave, j'espère...

Tu es pris·e de court. C'est exactement la question que tu voulais lui poser. Tu hésites un instant à mentir pour faire semblant de comprendre de quoi elle parle, mais tu as vraiment besoin de savoir !

– C'est bien le problème, je n'en ai aucune idée. Mon père ne répond plus au téléphone depuis deux semaines. Qu'est-ce qu'il se passe ?

La directrice est tout aussi surprise que toi. Tu la sens très gênée, mais elle finit par te répondre.

– Je suis tellement désolée. Ton père voulait sûrement te protéger en ne te disant rien... Arthur n'est pas revenu en cours depuis la fin des vacances scolaires. Ton père nous a dit qu'il était à l'hôpital pour une crise d'appendicite, mais que ce n'était rien de grave et que nous ne devions pas nous inquiéter. Je suis sûre que tout va bien...

Tu n'attends pas la suite et tu raccroches au nez de la directrice pour appeler l'hôpital le plus proche de chez toi dans la foulée. Après avoir été transféré·e de service en service, tu tombes enfin sur une femme qui te dit qu'elle a bien vérifié et qu'il n'y a aucune trace d'Arthur dans tout l'hôpital.

Ton téléphone te tombe des mains. Tu commences à voir flou, les larmes aux yeux. Tu imagines ton frère en train de souffrir, seul, dans un endroit que tu ne connais pas.

Cette fois, c'en est trop. Tu n'as plus le choix, tu dois y aller. Tu dois comprendre ce qu'il se passe. Ta vision redevient nette, et tu vois que ton téléphone est toujours allumé. La secrétaire médicale a raccroché, mais Sylvain est en train de te rappeler. Tu te précipites pour répondre.

– Salut, Alex ! C'est vrai ? Ton père ne te répond pas depuis deux semaines ?

Sylvain t'explique qu'il l'a pourtant vu plusieurs fois devant chez vous. Il l'a d'ailleurs croisé et tout avait l'air parfaitement normal. Il a aussi aperçu Anna une ou deux fois, mais pas Arthur.

Cette fois, tu craques et tu fonds en larmes.

– Mais pourquoi ils font ça ?

Sylvain reste interdit quelques instants, sans savoir comment te calmer. Puis il a soudain une idée.

– Alex, Alex, écoute-moi. La semaine prochaine je vais être seul à la maison pendant quelques jours. Je garde ma petite cousine d'1 an pendant que mes parents et ma tante partent aider ma grand-mère à ranger son garage. Tu pourrais rester ici avec moi et surveiller les allées et venues de ta famille en toute discrétion. Tu finiras peut-être par comprendre ce qu'il se trame. Qu'est-ce que tu en penses ?

Si tu souhaites accepter la proposition de ton ami, rends-toi en **113**. Si tu préfères lui dire que tu te débrouilles et aller directement chez ton père, continue en **55**.

121

Dépité·e, tu retournes chez Sylvain. Il est dans l'entrée en train d'habiller Nalah. Et surtout, il est furieux.

– Tu ne pouvais pas répondre à ton téléphone ? J'étais mort d'inquiétude ! J'allais justement demander à la voisine de garder Nalah pour aller te chercher.

Tu ne réponds même pas, et tu vas directement t'asseoir dans le canapé, la tête dans les mains. En voyant ton état, Sylvain se calme immédiatement. Il prend Nalah dans ses bras et te rejoint. La petite fille te regarde avec étonnement. Elle ne doit pas avoir l'habitude de voir des adultes pleurer.

– Bobo ? demande-t-elle.

Tu lui adresses un pauvre sourire pour la rassurer.

– Elle est complètement folle, Sylvain.

– Je suppose que tu parles de ta sœur.

– Ce n'est pas ma sœur ! réponds-tu sèchement. C'est un monstre.

La colère prend vite le pas sur la tristesse.

– Elle a essayé de me... tu jettes un œil à Nalah. Je ne devrais pas parler de ça devant elle.

Sylvain s'empresse de mettre une tablette dans les mains de Nalah et un casque sur ses oreilles.

– Je dois éviter les dessins animés, mais là, il y a urgence, se justifie-t-il.

– Elle a voulu me tuer, reprends-tu plus bas. Mais personne ne me croira. Une petite fille de 13 ans qui menace son frère ou sa sœur avec un tournevis, en soi, ça pourrait arriver à tout le monde.

– J'avoue que j'ai déjà fait ça à ma sœur avec un couteau. Évidemment, je n'aurais rien fait, mais elle m'avait tellement énervé... Je me suis pris une bonne claque après ça.

– Tu vois. Je crois qu'il vaut mieux que j'attende que mon père rentre pour que Maxime aille le voir. Je n'ai plus le choix.

Poursuis ta lecture en 44.

122

Tu tapes « Anna Scorzi » dans le moteur de recherches. Tu cherches un bon moment mais tu ne trouves rien à son sujet. Tu marques un point d'interrogation près de son prénom.

As-tu encore des recherches à faire ? Rends-toi au paragraphe que tu souhaites : Rivin en 141, Barat en 35, Giraud en 109 ou Martin en 99. Si tu as déjà regardé toutes les filles, poursuis en 107.

123

Tu t'éloignes d'Anna et tu traverses le salon en courant, puis la cuisine et la buanderie. Tu ne t'arrêtes pas et tu files vers la gauche sur le chemin qui rejoint l'avant de la maison. Tu t'y arrêtes pour te glisser dans la haie qui sépare votre terrain de celui des voisins. Pour avoir beaucoup joué à cache-cache avec Arthur, tu sais que c'est une très bonne cachette. En cas de danger, tu peux toujours traverser et rejoindre le jardin d'à côté.

Tu vois ton père débouler moins d'une minute plus tard. Il est suivi d'Anna qui arrive calmement derrière lui. Ton père fait le tour du jardin, mais il ne pense pas à regarder dans la haie. Il doit croire que tu es parti. Anna, quant à elle, regarde dans ta direction. Tu as même l'impression qu'elle te regarde toi. Ton père se place devant elle et tu ne peux plus la voir.

– Encore Alex ? Heureusement que les voisins m'ont prévenu.

– Oh, je me serai débrouillée.

– On ne peut pas continuer comme ça ! s'exclame ton père avec colère.

Il se met à faire les cent pas. Anna ne regarde plus dans ta direction. Elle semble amusée par la situation.

– Ne t'inquiète pas, Papa. Demain, nous ne serons plus là, et toute notre vie sera devant nous, loin de ces impies.

– On part cette nuit, répond-il sèchement. Je vais appeler le père François. Ferme bien la porte de la buanderie, et garde la clé sur toi. Pareil pour l'entrée principale.

Ton père retourne dans la maison tandis qu'Anna jette un dernier regard circulaire dans le jardin.

Si tu veux courir jusqu'à l'entrée principale pour retourner dans la maison avant qu'ils ne ferment, poursuis en **84**. Si tu préfères appeler la police, continue en **160**. Enfin, si tu penses que tu as déjà tout essayé, tu peux aussi retourner chez Sylvain en passant par le jardin des voisins, en **159**.

124

Ce n'est qu'après plusieurs minutes que tu penses à lui parler d'Anna.

– Il y a aussi une adolescente avec mon père. Il ne faut surtout pas la laisser partir. Je sais qu'elle est impliquée dans tout ça. Et il y a un prêtre qui a peut-être bien un rôle à jouer dans cette histoire.

– Personne ne sortira de cette maison, je vous le promets.

Les paroles de la femme te rassurent rapidement. Tu restes encore quelques minutes en ligne avec elle. Grâce à leur GPS, elle suit ses collègues en direct et te dit où ils sont. Quand ils arrivent devant chez toi, tu décolles le téléphone de ton oreille pour écouter, mais tu n'entends rien. Puis bientôt, la voix de ton père :

– Vous n'avez pas le droit ! crie-t-il.

Un grand boom dans la porte de la cave te fait sursauter, puis la lumière t'éblouit. Quand tu peux à nouveau ouvrir les yeux, trois policiers t'entourent. Comme tu ne réagis pas, l'un d'eux te prend le téléphone des mains et le plaque contre son oreille.

– Laurence ? C'est Yannick. C'est bon, on les a. Prépare-nous une belle cellule et appelle une ambulance.

Soudain, tu reconnais l'un des policiers. C'est Maxime. Il t'aide à te relever tandis que ses collègues sont déjà en train de crocheter la serrure du cadenas qui verrouille la cage.

– Tu n'aurais pas dû venir seul·e ici, te sermonne le policier. Mais je suis bien content que tu l'aies fait, ajoute-t-il. On aurait pu passer à côté de ton frère sinon.

Maxime est tout penaud.

– Merci d'être là maintenant, dis-tu avec un sourire.

Quand Arthur sort enfin de sa cage, vous vous jetez dans les bras l'un de l'autre. Ton frère est tout frêle, et il sent terriblement mauvais, mais tu es tellement soulagé·e. Pourtant, il n'est pas encore sorti d'affaire, il est très faible.

– Une ambulance doit vous attendre en haut, te dit Maxime.

Tu prends Arthur sur ton dos et tu demandes à Maxime de passer devant vous. Tu as trop peur de croiser ton père ou Anna, même s'ils doivent être menottés à l'heure qu'il est.

En haut, tu vois encore deux policiers dans l'entrée, puis deux autres dans le salon, qui tiennent ton père, le père François et Anna en joue. Mais tu baisses vite la tête, tu n'as même pas envie de les regarder. Tu files directement vers l'ambulance dans l'allée.

Poursuis ta lecture en **61**.

125

Tu approches tout doucement ta main de la lampe, puis, quand tu considères que tu ne peux pas t'en approcher plus sans qu'Anna s'en rende compte, tu l'agrippes pour frapper ton adversaire. Mais le câble de la lampe ne se débranche pas, et tu n'as pas assez de mou. Tu frappes l'épaule d'Anna, mais avec trop peu de puissance pour lui faire lâcher prise.

– Adieu, Alex.

Anna te plante le tournevis dans la carotide. Tu veux hurler, mais tu n'y arrives pas. Du sang s'échappe de ta bouche. Tu n'arrives plus à respirer, tu tousses et des gerbes de sang sortent encore plus violemment de ta gorge. Anna se prend une projection sur le visage, mais elle continue de sourire. Tu te laisses glisser contre le mur, puis tu tombes dans les ténèbres.

Ton aventure s'arrête ici. Tu dois tout recommencer.
La prochaine fois, espérons que tu parviendras à sauver ton frère et ta propre vie…

126

Tu n'entends toujours pas de bruit dans le couloir, alors tu poursuis ta lecture. Mais les messages parlent ensuite plutôt de logistique pour se donner rendez-vous pour des réunions ou des week-ends. Il y a aussi des mails d'autres personnes que le père François. Ce sont souvent les mêmes noms qui reviennent. Tu trouves aussi quelques échanges entre ton père et le prêtre pour se fixer des rendez-vous « pour parler du cas d'Arthur », sans que rien ne soit plus explicite que ça. Tu en es presque au mois de janvier, mais tu ne trouves rien de plus intéressant. Tu te lèves donc de la chaise de bureau de ton père dans l'idée de rejoindre la cave.

Si tu as attaché Anna, poursuis en 40. Sinon, continue en 138.

127

Les vacances se poursuivent sans trop d'incidents. Tu commences à t'habituer à Anna, même si tu continues de la trouver bizarre. Arthur semble bien s'entendre avec elle, c'est le principal. La deuxième semaine, tu évites tout de même un peu la maison en sortant avec ton ami d'enfance, Sylvain. Il habite dans votre rue, à seulement quelques maisons de la vôtre.

– Tu n'as jamais vu de trucs bizarres avec Anna ? demandes-tu à ton ami un soir alors que vous jouez à un jeu vidéo dans sa chambre.

– Mmmh… elle ne sort pas beaucoup de la maison. Je la vois juste partir le matin avec ton père et rentrer avec Arthur le soir. C'est elle qui le ramène de l'école. Il a l'air de bien l'aimer. Il est toujours super sage quand il est avec elle.

– Ouais, j'ai remarqué ça aussi.

– Boarf, ça lui fait pas de mal ! Il était teigneux des fois, ton frère.

Tu te remémores effectivement quelques crises de colère.

Après ces deux semaines de vacances, ton avis sur Anna est donc mitigé. Mais tu as toute la vie pour apprendre à la connaître. Toute la vie… ça te paraît quand même bien long.

Le jour de ton départ, ta famille t'accompagne jusqu'à la gare. Tu serres très fort ton frère dans tes bras, et tu as droit à une autre accolade de ton père. Anna, quant à elle, te tend la main.

– Ravie de t'avoir rencontré·e, dit-elle simplement.

Tu réponds par un hochement de tête et un sourire avant de grimper dans le train.

Tu as tout raconté à Fatou à ton retour. Elle s'est beaucoup intéressée à ton histoire, puis elle a conclu que, peut-être, tu voyais le mal partout. Une petite fille de 13 ans, aussi bizarre soit-elle, ne pouvait pas changer toute ta famille et ta vie.

– Il faut que tu t'habitues. Ils passent des moments tous les trois, sans toi, c'est normal que tu te sois senti·e un peu à l'écart.

Tu restes dubitatif·ve, mais tu décides de ne plus y penser et tu retournes dans ta chambre pour défaire ta valise.

Si tu es retourné·e dans la chambre d'Anna alors qu'elle se douchait au début des vacances, rends-toi en **14**. Sinon, continue en **56**.

128

Tu constates que la chambre d'Anna est ouverte. Tu décides d'y aller sans refermer la porte derrière toi pour entendre si quelqu'un monte les marches.

La chambre est tout aussi bien rangée que la dernière fois que tu es venu·e. Tu rejoins le bureau. Le carnet de croquis d'Anna s'y trouve, et il est ouvert à la page du portrait de ton père. Elle y a ajouté des ombres, le rendant encore plus réaliste.

Tu tournes les pages suivantes. Il y a quelques croquis : une pomme, un couteau, un chapeau, puis un début de portrait. Difficile à reconnaître pour le moment, mais tu te demandes si ça ne serait pas toi. Le sweat correspond assez bien à celui que tu portes régulièrement, mais tu préfères ne pas savoir…

Il n'y a rien de très intéressant ensuite. Tu reviens donc aux pages précédentes et tu tombes sur le portrait d'Arthur. Sa bouche et son nez ont été effacés. Il ne reste plus que ses yeux. Tu fronces les sourcils. C'est comme sur les autres portraits. Tu reviens encore en arrière pour les retrouver. Et là, tu es sous le choc. C'est donc là que tu avais déjà vu la famille Barot !

Tu te rapproches de la porte pour écouter ce qu'il se passe. Tu entends toujours des voix dans le salon. Tu retournes donc au bureau et tu déchires les trois portraits : le père, la mère et la fille, ainsi que l'autoportrait d'Anna qui se trouve juste après et le portrait de ton frère que tu glisses dans ta poche. Ça intéressera sûrement Maxime !

Note au début de ton livre en page 11 que tu as récupéré les dessins d'Anna, puis continue ta lecture ci-dessous.

Avant de quitter la chambre, tu regardes la poupée sur le lit. Tu constates avec effroi qu'elle a un peu changé et que c'est maintenant le portrait craché d'Arthur ! Tu la prends pour mieux la regarder, et tu constates que des épingles y sont plantées. Une poupée vaudou ! Dans une autre situation, tu aurais pu en rire, mais pas aujourd'hui, pas après tout ce qu'il s'est passé.

Tu hésites à l'embarquer aussi, mais elle risque de t'embêter plus qu'autre chose. Tu ne crois pas vraiment à ce genre de choses, mais dans le doute, tu retires tout de même les épingles pour les jeter à la poubelle.

Tu quittes finalement la chambre pour retourner en haut des marches.

Si tu ne l'as pas déjà fait et que tu veux écouter la conversation pour comprendre qui est le visiteur, poursuis en **65**. Si tu préfères profiter que ton père et

Anna soient occupés pour descendre et essayer d'aller à la cave, rends-toi en 112.

129

Très gêné·e par cette entrevue seul·e à seule avec Anna, tu préfères te retirer dans ta chambre.

– Eh bien, bonne nuit, Anna, merci pour le livre !

Tu t'éclipses rapidement et tu pousses un soupir de soulagement en fermant la porte de ta chambre derrière toi. Heureusement, rien n'a changé ici. Enfin un endroit où tu te sens chez toi !

Plus tard, Arthur vient te souhaiter bonne nuit avant de filer lui-même dans sa chambre. Mais tu ne revois plus ton père ni Anna. Tant mieux, tu as besoin de réfléchir à tout ce qu'il vient de se passer. Il y a quand même quelque chose de pas net avec cette « petite sœur ».

Avant de t'endormir, tu ouvres le livre qu'elle t'a prêté. Sur la page de titre, il y a petit mot : « Pour Anna. Fais-en bon usage. » Il est signé de deux lettres : « P. F. ».

Tu commences ta lecture tout en te demandant qui a bien pu écrire ce mot.

L'histoire se déroule dans une ferme des États-Unis, du point de vue d'une fillette, Barbara, qui raconte à quel point elle est dévouée à sa paroisse. Mais tu lis seulement quelques lignes avant de sombrer dans le sommeil.

Le lendemain matin, tu te lèves tôt pour profiter un peu de la maison. Tu constates qu'il a neigé durant la nuit. Vous allez pouvoir faire un bonhomme de neige avec Arthur.

Tu prends ton petit-déjeuner au calme en observant par la fenêtre les voisins vaquer à leurs occupations. Tu aimes beaucoup l'ambiance du lendemain de Noël. Tout est toujours si tranquille.

Quand tu commences à entendre des bruits de pas à l'étage, tu remontes vers ta chambre. Tu vois Anna dans la salle de bains, qui s'apprête à se doucher. Tu lui adresses un geste avant qu'elle ne ferme la porte. Tu te tournes donc vers ta chambre, mais tu constates que celle d'Anna est ouverte.

Tu pourrais y aller discrètement pendant qu'elle se douche, en **30**, ou bien aller dans ta chambre pour reprendre ta lecture du livre qu'elle t'a prêté, en **51**.

130

Tu te résignes à t'asseoir sur le siège passager. Tu attends que ton père ait quitté la rue avant de briser le silence.

– Papa, ne me dis pas que tu ne vois pas que quelque chose cloche depuis l'arrivée d'Anna ? Qu'est-ce que tu sais d'elle et de son passé ? Tu connais sa vie au moins ?

Tu es tellement en colère que tu ne fais pas attention aux rues qu'emprunte ton père.

– Elle m'a tout dit. Je n'ai pas besoin de plus, je lui fais confiance. Elle n'a pas eu une vie facile, tu sais ?

Ton père t'explique ce qu'Anna lui a raconté : un père alcoolique et les deux parents violents. Tu imagines Anna, petite fille, au milieu de cette tourmente. Tu te calmes un instant, puis tu repenses à ton frère. À ses pleurs.

– C'est bien ça qui m'inquiète. Je ne veux pas qu'il arrive la même chose à Arthur.

Ton père pile violemment. Tu sens toute sa colère dans ce geste qui te projette en avant, puis en arrière contre le fauteuil. Tu as même un peu peur, comme quand tu étais enfant lorsque tu savais que tu étais allé·e trop loin et que ton père allait te gronder.

– Qu'est-ce que tu insinues ? Qu'elle fait du mal à Arthur ? Que je le bats ?

Tu préfères ne pas répondre. Tu repenses à l'histoire du placard. Ton père a beau trouver des excuses, ce n'est pas normal. Et son attitude à l'instant vient appuyer ton mauvais pressentiment.

Ton silence semble excéder ton père.

– Tu trouves Anna bizarre ? La belle affaire ! Et toi alors ? À accuser tout le monde ! Tu n'es pas bizarre peut-être ? Tu es complètement timbré·e, oui !

Ton père change à nouveau de visage. Cette fois, c'est un visage que tu ne reconnais pas. Et ça te fait encore plus peur. Il sort de la voiture, claque violemment la porte, puis fait le tour pour t'ouvrir. Tu penses un instant à verrouiller les portes, mais il arrive trop vite et te tire à nouveau par le bras.

– Tu me fais mal !

Ton père ne t'écoute plus, tu ne l'avais jamais vu comme ça et la force qu'il exerce sur toi est impressionnante. Tu sens ton cœur battre la chamade et l'adrénaline monter en toi. Il te fait entrer dans un grand bâtiment qui se trouve à seulement quelques mètres devant vous. Trop occupé·e à essayer de te dégager, tu ne remarques pas le panneau à l'entrée. Une fois à l'intérieur, il est déjà trop tard. Ton père demande à ce que tu sois interné·e d'urgence. C'est l'hôpital psychiatrique de la ville voisine. Tu es effaré·e. Heureusement, il y a des lois dans ce pays. Tu es majeur·e, il ne pourra rien faire ! C'est ce que tu essaies de lui expliquer, mais ton père demande à voir le directeur de l'hôpital. L'homme vous rejoint rapidement dans le hall d'entrée.

– Comment ça va depuis hier ? demande-t-il en serrant chaleureusement la main de ton père.

Puis le médecin t'adresse un regard et un sourire qui n'a rien de bienveillant. Tu cherches autour de toi quelqu'un qui pourrait t'aider, mais personne ne viendra. Moins d'une heure après, tu te retrouves dans une cellule capitonnée.

Tu as perdu ! Ton père a réussi à te faire interner dans l'hôpital psychiatrique. Recommence l'histoire, en faisant de meilleurs choix cette fois !

131

Tu prends ton courage à deux mains et tu avances jusque dans l'entrée. Anna est assise sur l'avant-dernière marche du bas des escaliers. Elle a dans les mains quelque chose qui te fait penser à un manuel, et il y a un tournevis à ses pieds.

Surprise, elle se lève d'un bond.

– Qu'est-ce que tu fais là ?

Tu es trop en colère pour t'excuser d'être entré·e comme ça sans prévenir.

– Ne me dis pas que vous êtes en train de déménager ?

– Tu n'étais pas censé·e voir ça, répond-elle pour se justifier, alors que c'est évidemment encore pire.

Quoi que tu décides ensuite, tu perds déjà un point de sympathie pour avoir pénétré dans la maison comme ça sans prévenir. Note-le en page 11 avant de poursuivre ta lecture.

Tu vois qu'elle regarde le téléphone fixe qui est posé sur un petit meuble en bas des escaliers. Tu penses que tu pourrais gérer Anna, mais probablement pas ton père. Tu préférerais qu'elle ne le prévienne pas.

Tu pourrais te jeter sur le téléphone pour le débrancher, en **68**, ou bien te jeter sur elle directement pour l'empêcher de bouger, en **9**. Tu peux aussi ne rien faire de spécial et voir comment les choses évoluent d'elles-mêmes, en **103**, ou bien garder ton calme et lui demander gentiment si tu peux juste jeter un œil à la cave, en **93**.

132

Tu restes silencieux·se au début du repas pour prendre le temps de jauger Anna. Mais elle mange à peine et passe le plus clair de son temps à t'observer avec son éternel rictus. Arthur, quant à lui, dévore son poulet dans l'espoir d'ouvrir ses cadeaux plus vite. Et ton père, de son côté, a l'air perdu dans ses pensées, bien qu'il vous regarde parfois avec un air enjoué. Tu remarques tout de même qu'il ne te pose aucune question. Quand tu en as assez du silence, tu te mets à raconter ton premier semestre à la fac, mais personne ne semble vraiment s'y intéresser. Tu finis par lâcher l'affaire et tu vas couper la bûche dans la cuisine. Quand tu reviens, Anna et ton père sont en train de rire aux éclats, tandis qu'Arthur a un air renfrogné. Mais en te voyant revenir, ils reprennent leurs sourires discrets et ne t'expliquent pas la raison de leur rire.

Finalement, Arthur demande à ton père s'il peut sortir de table pour distribuer les cadeaux. Décidément, les choses ont bien changé ici ! Tu n'avais encore jamais vu ton petit frère demander l'autorisation avant de sortir de table.

– Alex, c'est lequel, le cadeau pour Anna ? demande Arthur depuis l'entrée.

Si tu as choisi le jouet chat plus tôt dans l'histoire, rends-toi en **21**, si tu as pris l'écharpe, continue en **53** et si tu as prévu le livre, poursuis en **71**.

133

Tu décides d'attendre encore un peu. Arthur finit par se taire, mais il continue de pleurer et de gémir.

Soudain, tu entends un bruit sourd au-dessus de ta tête. Tu te mets à trembler. Qu'est ce que ça peut bien être ? Tu regardes ton téléphone. Presque dix minutes se sont écoulées depuis que tu as raccroché avec Sylvain, qui t'a rappelé·e deux fois depuis.

La porte de la cave s'ouvre soudain, et quelqu'un enclenche la lumière. Tu es complètement ébloui·e et tu te tasses encore un peu plus pour ne pas être vu·e. Tu mets ta tête entre tes mains, contre tes genoux.

– Vous n'avez pas le droit !

C'est ton père qui crie depuis le rez-de-chaussée. Tu entends plusieurs personnes dévaler les escaliers de la cave. Tu n'as jamais eu aussi peur de ta vie.

– Il est là ! Appelez tout de suite une ambulance ! crie un homme à seulement un mètre de toi.

Tu lèves la tête pour voir ce qu'il se passe, prêt·e à bondir pour protéger Arthur. L'homme qui vient de parler est tout près de la cage, mais tu es immédiatement rassuré·e en reconnaissant un uniforme de policier. Ils sont trois à regarder Arthur.

– Tout va bien, mon bonhomme, on va te sortir de là.

C'est Maxime qui vient de parler. Tu te redresses en levant les deux mains.

– Maxime !

Tu n'arrives pas à ajouter quoi que ce soit. Tu pleures de soulagement. Tu attends que les policiers baissent leurs armes pour t'approcher. L'un d'eux est déjà en train de crocheter la serrure du cadenas qui verrouille la cage.

– Arthur ! Je suis tellement désolé·e de t'avoir laissé.

Arthur met quelques secondes à te reconnaître. Puis il se remet à pleurer.

– Emmène-moi, dit-il.

– Je ne te laisserai plus jamais ! réponds-tu en attrapant le bout de ses doigts à travers les barreaux.

Arthur refuse d'aller dans les bras d'un policier. Tu le fais donc monter sur ton dos pour quitter la cave, et tu demandes à Maxime de passer devant. Tu n'es pas prêt·e à affronter ton père. En passant devant le salon, tu le vois, assis, les mains menottées sur la table et encadré de deux policiers.

Tu lui adresses un regard plein de haine, mais tu ne trouves rien à lui dire, il n'en vaut pas la peine.

Avant de quitter la maison, tu te tournes vers Maxime.

– Et Anna ? Elle est où ?

Le policier regarde ses collègues qui haussent les épaules.

– Il n'y avait que lui, répond l'un d'eux en désignant ton père.

Moins d'une heure plus tard, tu te retrouves dans la salle d'attente de l'hôpital, tandis que les médecins s'occupent de ton frère. Sylvain t'y rejoint.

– Comment il va ?

– Je ne sais pas encore, ils l'auscultent. Mais il est si maigre...

En attendant de voir un médecin, Sylvain te dit qu'il a eu un appel de Maxime. Ton père est en garde à vue, et il devrait bientôt être transféré en hôpital psychiatrique, sous haute surveillance, car il tenait des propos incohérents.

Puis ton ami t'explique tout ce qu'il s'est passé. Il s'est vite inquiété de ne pas te voir revenir et que tu ne répondes pas à ses messages. Au bout d'une trentaine de minutes, il a décidé d'aller voir. Il a demandé à la voisine de garder Nalah et il a sonné chez toi.

– Ton père était avec un prêtre et Anna. Ils m'ont dit qu'ils ne t'avaient pas vu·e et j'ai bien été obligé de repartir. Mais j'ai vu que tu m'avais appelé. Quand tu m'as raccroché au nez, j'ai essayé de rappeler en me disant qu'il t'était arrivé quelque chose. Comme tu ne répondais pas, j'ai appelé Maxime en disant que tu étais dans la cave avec Arthur. Cette fois, il m'a pris au sérieux, et ils sont venus à plusieurs. Je pense que ton père a compris que j'appelais la police quand il m'a vu téléphoner dans la rue. Désolé, ce n'était pas très intelligent de ma part. Le prêtre est parti rapidement. Je suis retourné chez la voisine pour vérifier que tout allait bien avec Nalah. Je n'ai pas vu Anna quitter la maison, mais j'ai pu la louper. Les policiers sont arrivés vite pourtant.

Continue en **15**.

134

En arrivant devant le magasin de vêtements *Zen mode*, tu constates qu'il y en a vraiment pour toutes les tailles. Mais tu ne connais même pas l'âge d'Anna ! Dans ton esprit, elle a 6 ans, comme Arthur, mais ton père ne te l'a pas confirmé. Ce n'est peut-être pas une bonne idée de lui acheter un vêtement sans connaître sa taille, mais tu pourrais tout de même acheter cette écharpe rouge.

Si ce cadeau te convient, continue en **8**. Sinon, tu peux aussi visiter les autres boutiques : *Au bonheur des mômes* en **155**, ou *Jeux bouquine* en **64**.

135

Tu préfères rester ici et attendre encore un peu. Tu regardes tout de même ton téléphone. Ton père devrait rentrer dans cinquante minutes. Tu as encore largement le temps. Mais Sylvain t'a appelé et envoyé des messages. Il est très inquiet. Tu lui réponds pour le calmer et éviter qu'il ne débarque :

> Je suis dans la maison. Tout va bien.
> Je t'appelle si problème.

Anna revient rapidement du bureau, puis elle monte les escaliers. Tu as bien fait de ne pas aller en haut ! D'après son nombre de pas, tu supposes qu'elle est allée dans sa chambre.

Tu te précipites hors du salon pour rejoindre le bout du couloir, mais la porte de la cave est verrouillée.

Tu regardes derrière toi, le bureau de ton père est ouvert. La clé est censée y être. Tu te glisses à l'intérieur.

Continue en **147**.

136

Tu t'assois sur le fauteuil de ton père et tu ouvres le prospectus. À l'intérieur, tu vois le visage d'un prêtre, très probablement celui qui se trouve actuellement dans ton salon. Il est expliqué que l'association propose aux parents solos des moments conviviaux avec d'autres parents. Ce n'est pas dit clairement, mais tu comprends assez vite que l'objectif de ces rencontres est notamment d'y écouter les conseils avisés du prêtre pour éduquer les enfants. Ça te fait même penser à un camp de redressement pour remettre les enfants « dans la bonne voie », comme c'est écrit dans la brochure.

Tu comprends un peu mieux d'où sont venues ces histoires de mettre Arthur dans le placard. Toi qui pensais que ça venait d'Anna. Elle n'est finalement pas la seule à avoir influencé ton père.

En reposant le prospectus sur le bureau, tu touches involontairement le clavier de l'ordinateur qui sort de sa veille.

Tu réduis immédiatement la luminosité et tu ne bouges plus pour vérifier que ça n'a alerté personne, mais tu entends encore les éclats de voix dans la pièce voisine.

La boîte mail de ton père est ouverte sur l'écran.

Si tu veux chercher des mails de l'association, poursuis en **88**. Si tu préfères filer à la cave, continue en **92**.

137

Le reste de la semaine se déroule dans la même mauvaise ambiance. Tu as constamment la sensation d'être de trop. Ton père et Anna te parlent à peine, et Arthur se fait très discret. Il reste dans sa chambre la plupart du temps. Tu remarques cependant qu'il reste toujours aussi sage, presque mutique depuis le retour de ton père et d'Anna.

Tu ne peux même pas voir Sylvain, puisqu'il est en vacances à la montagne. À la fin de la semaine, tu es donc soulagé·e de repartir.

Arthur t'enlace longuement sur le quai de la gare, et il se met à pleurer.

– Emmène-moi avec toi, te murmure-t-il dans l'oreille.

C'est un supplice de le voir dans cet état. Mais ton père, que tu vois par-dessus l'épaule de ton petit frère, vous observe d'un air confiant. Tu réponds à Arthur de ne pas s'inquiéter et que tu l'appelleras plus souvent.

– Promets-moi de me donner des nouvelles plus régulières, Papa !

Il promet du bout des lèvres. Anna, quant à elle, te remet une enveloppe.

– Ne l'ouvre qu'une fois chez toi, dit-elle avec un sourire qui semble plus sincère que d'habitude. C'est une surprise pour toi.

Évidemment, tu l'ouvres dès que le train quitte le quai. Il s'agit d'un dessin. Un portrait te représentant. Contrairement aux autres personnages que tu as pu voir dans son carnet de dessins, tu as bien des yeux, mais pas de nez ni de bouche. Tu ne sais pas trop si c'est un bon ou un mauvais signe…

Fatou est en stage pour un mois. Tu as donc votre appartement pour toi à ton retour de vacances, et tu comptes bien en profiter !

Tu récupères le grand tableau blanc que ta coloc utilise pour ses révisions, et tu le poses sur une chaise dans le salon, face au canapé. Tu commences par écrire « Anna » au milieu. Tu as besoin de répondre à certaines questions, de comprendre à qui tu as vraiment affaire et si elle ne représenterait pas un danger pour ta famille.

Un peu plus tard, alors que tu manges, installé·e dans ton canapé en relisant tout ce que tu as écrit sur le tableau, tu te dis que Fatou s'inquiéterait de ta santé mentale si elle te voyait ! Pourtant, tu comptes bien leur prouver à tous que c'est Anna qui a un problème.

Le lendemain, tu te décides à commencer tes recherches. Tu te cales devant ton ordinateur portable posé sur le bureau de ta chambre. Tu pourrais essayer de contacter l'orphelinat d'où vient Anna, ou bien chercher la trace de

ses parents ?
d'où elle vient ?
association de papa et Anna ?
école Anna ?
ANNA
bible ?
amis d'Anna ?
sa soeur ?
quel âge elle avait ?

ses parents et de ce qu'ils sont devenus. Elle t'avait donné son ancien nom de famille durant les vacances de Noël : « Marek ». Tu pourrais donc commencer par là. Mais tu pourrais aussi te renseigner sur l'association dont font partie Anna et ton père, juste pour vérifier qu'il n'y a rien d'anormal là-dedans.

Si tu veux commencer par l'orphelinat, poursuis en **150**. Si tu préfères regarder du côté des parents, rends-toi en **58**. Et enfin, va en **91** pour l'association.

138

Tu appuies sur la poignée de la porte du bureau, et tu pousses un cri de surprise.

Anna est face à toi, un sourire aux lèvres.

– Il me semblait bien avoir entendu quelque chose !

Sans que tu aies le temps de réagir, Anna te fait tomber sur un fauteuil du bureau de ton père. Elle referme la porte derrière elle. Elle a un grand couteau de cuisine à la main. Tu te relèves d'un bond et tu mets tes deux mains en l'air.

– Anna, pose ce couteau.

La jeune fille ne change pas d'expression. Elle te regarde droit dans les yeux. Sa main est blanche tant son poing est serré sur le manche.

Tu recules un peu, mais tu te retrouves vite contre le mur, et Anna bloque la seule issue. Tu jettes un regard vers la fenêtre. Tu pourrais passer par là, mais elle est entre Anna et toi. Le temps de l'ouvrir, elle serait déjà sur toi.

Tu n'as pas le temps de réfléchir à d'autres options : Anna, qui ne bougeait quasiment pas jusque-là, s'élance en courant. Elle pose un pied sur l'assise de l'un des fauteuils et s'en sert pour se donner une impulsion. Elle saute littéralement sur toi, la main levée. Tout ce que tu vois, c'est le poignard t'arriver dessus en plein visage. Tu n'as pas le temps d'hurler, tu meurs sur le coup.

Malheureusement, ton aventure s'arrête ici. Dommage ! Tu étais pourtant arrivé·e loin. Tu n'as plus qu'à recommencer depuis le début en tâchant de faire de meilleurs choix, cette fois.

139

Tu refermes doucement la porte de la cave derrière toi. Tu remontes Arthur sur ton dos et tu avances lentement dans le couloir. Quand tu ne peux plus avancer sans passer devant le salon, tu tends à nouveau l'oreille. Tu n'entends rien, mais il pourrait y avoir quelqu'un. Tu plies tes genoux et te campes bien sur tes pieds. Tu as l'impression d'être sur la ligne de départ d'une course. Tu es terrifié·e. La table est placée à la perpendiculaire de l'ouverture vers le salon. S'il y a encore quelqu'un à table, il te verra forcément.

Tu pars d'un coup vers la porte, sans jeter un regard à droite. Tu entends le bruit sec d'une chaise. Il y a bien quelqu'un, mais tu es déjà en train d'appuyer sur la poignée. Malheureusement, elle est fermée à clé.

– Alex ! crie ton père.

Il arrive très vite à ton niveau. Dans un accès de rage, il tire en arrière Arthur, qui n'ose toujours pas émettre le moindre son. Tu entends Anna arriver dans le couloir derrière toi. Elle était dans le bureau. Tu te retournes. Arthur est par terre. Ton père le maintient d'une main, et il te décoche une gifle de l'autre. Elle est si violente que tu te retrouves par terre.

Anna arrive à côté de lui. Son expression, d'abord surprise, tourne vite à un sourire amusé.

– Ne les laisse pas partir, Papa. On va s'amuser un peu.

Ton père ne te lâche pas des yeux. Il a les sourcils froncés, un regard à glacer le sang et la mâchoire serrée. Sa main est serrée, elle aussi, sur le bras de ton frère. Tu vois qu'Arthur essaie de se dégager en pleurant, mais sans émettre le moindre bruit. Tu te jettes sur ton père. Il lâche Arthur pour te pousser violemment contre la porte. Ton dos frappe contre le bois et tu as le souffle coupé.

Anna revient avec un couteau. Elle s'approche de ton père et pose une main sur son épaule.

Tu les regardes tout en suffoquant. Tu n'arrives pas à te calmer et l'air ne passe pas.

– Il est trop tard pour Alex aussi, murmure Anna. Avec un tribut en plus, tu es certain d'être sauvé. On devrait l'emmener.

Ton père hoche la tête.

– Va chercher la corde.

Anna te regarde avec un sourire sadique, puis elle repart dans le couloir après avoir laissé le couteau à ton père. Au passage, elle décoche un coup de pied à Arthur, qui se recroqueville comme une bête blessée. Tu le regardes en pleurant. Tu as échoué. Tu essaies encore de prendre de l'air, puis tu finis par t'évanouir.

Poursuis en **154**.

140

Maxime te propose de t'asseoir. Il n'a pas que de bonnes nouvelles. Fatou et Sylvain restent debout, de l'autre côté de la chambre.

– Malgré tes doutes, commence le policier, on n'a absolument rien trouvé pour incriminer le père François. On va donc devoir le relâcher. À moins que tu aies de nouveaux éléments à apporter ?

Tu fais non de la tête. Tu as déjà parlé à la police de tout ce que tu sais à propos de l'association de ton père et du prêtre qui semble la diriger. Autrement dit, pas grand-chose.

C'est donc un premier coup de massue pour toi, car tu es persuadé·e que ce prêtre a joué un rôle dans toute cette histoire. Mais Maxime n'a pas terminé :

– Ton père, quant à lui, risque au moins cinq ans de prison pour maltraitance sur mineur de moins de 15 ans. Il n'a quasiment aucune chance d'en réchapper.

Tu dois bien avouer que l'idée de voir ton père derrière les barreaux ne te fait ni chaud ni froid. Au contraire, tu aurais préféré qu'il y passe encore plus de temps. Dans cinq ans, Arthur n'aura que 11 ans. Il sera encore un enfant. Mais Maxime, comme s'il lisait dans tes pensées, te rassure sur ce point :

– Quoi qu'il en soit, il perdra forcément tous ses droits sur ton frère. Il ne pourra plus le voir, du moins pas tant qu'Arthur l'exigera.

Tu es déjà rassuré·e de savoir ça. Tu tournes la tête pour regarder ton frère. Comment sera-t-il à son réveil ? Même s'il s'en sort sans séquelles physiques, son comportement changera probablement pour toujours. Ton père et Anna ont dû complètement le traumatiser.

– Quant à Anna..., poursuit Maxime.

Tu reportes ton attention sur le policier.

Si tu avais récupéré des dessins d'Anna plus tôt, continue en **18**. Sinon, va en **76**.

141

Tu cherches « Anna Rivin » sur le Net. Au début, tu ne trouves rien d'intéressant, puis tu finis par tomber sur la page d'un journal local d'une région éloignée.

Jean-Paul Marceau adopte sa nièce, Anna Rivin, après que ses deux parents ont été tués dans l'accident de la départementale 134 du 3 juin, sur la commune de Londermau. La jeune fille âgée de 11 ans se retrouve maintenant avec quatre autres frère et sœurs…

Tu arrêtes ta lecture ici. Ce n'est pas ton Anna. Tu barres son nom de ta liste.

Si tu n'as pas encore fait de recherches sur l'une de ces filles, rends-toi au paragraphe correspondant : Scorzi en **122**, Barat en **35**, Giraud en **109** ou Martin en **99**. Si tu as déjà regardé toutes les filles, poursuis en **107**.

142

– Elle est évidemment l'une de ces « enfants sauvés ». Elle n'a jamais parlé durant les interrogatoires, mais le père François a parlé pour elle. C'est sa protégée depuis des années, et en voulant la protéger, il l'a plutôt enfoncée avec lui.

Tu ne peux retenir un sourire narquois, mais Maxime va vite le faire disparaître.

– Pour autant, elle n'a que 13 ans et sera jugée comme telle. Son avocat va sûrement pousser le fait qu'elle s'est fait manipuler par le prêtre. Elle pourrait s'en sortir avec quelques années en hôpital psychiatrique.

– Sérieusement ? Un danger public comme elle ?!

– On fera tout notre possible, mais il faut te préparer à ça.

Évidemment, tu espérais mieux, mais au moins, ton frère est sauvé, et ton père et le père François ne pourront plus faire de mal à personne, au moins pour quelques années.

– Je te conseille de passer à autre chose. Arthur aura besoin d'une personne forte à ses côtés.

Maxime et toi observez le petit garçon. Il a déjà repris des couleurs et du poids. Il ressemble un peu plus au Arthur que tu connais. Tu es sa seule famille désormais.

Ton aventure s'arrête ici. Bravo ! Tu as pu sauver ton frère, et les trois personnes qui lui ont fait du mal sont derrière les barreaux. Mais Anna risque de s'en tirer un peu trop facilement à ton goût. Tu aurais pu avoir une meilleure fin si tu avais trouvé plus de preuves contre elle. Si tu veux essayer une nouvelle fois, recommence depuis le début. Sinon, tu peux déjà être fier·ère du résultat !

143

Tu t'assois sur le lit aux côtés de « ta petite sœur ». La Bible posée sur sa commode t'intrigue vraiment. Alors tu tends la main vers elle, mais Anna te dit sèchement qu'elle préfère que tu ne touches pas trop à ses affaires. Elle montre du doigt le livre qu'elle t'a donné, posé sur tes genoux.

– Tu as déjà de quoi lire, non ?

Tu lui adresses un sourire et te relèves. Tu avances vers la porte, mais tu hésites.

Si tu ne l'as pas déjà fait, tu peux toujours regarder la poupée de chiffon, en **6**, ou bien le carnet sur le bureau, en **39**, ou encore poser des questions à Anna sur son passé, en **47**. Enfin, tu peux aller te coucher en **129**.

144

Tu décides de ne pas renvoyer de message à ton père durant encore une semaine pour lui laisser le bénéfice du doute. C'est vrai qu'il t'appelait plus régulièrement avant, mais depuis qu'il y a Anna et leur association, il a sûrement moins de temps. En tout cas, tu ne lui envoies que quelques SMS dans la semaine, mais rien de plus.

Le vendredi suivant, pourtant, tu commences à en avoir assez. Il n'a répondu à aucun de tes messages, qu'il n'a d'ailleurs même pas vus !

Si tu veux essayer d'appeler la maison, poursuis en **2**. Si tu préfères te rendre directement sur place, continue en **55**.

145

Tu refermes délicatement la porte de la cave derrière toi et tu avances à pas de loup vers l'entrée. Tu jettes un œil à l'escalier : il n'y a personne. Alors que tu t'apprêtes à regarder discrètement s'il y a quelqu'un dans le salon, on sonne à la porte. Tu sursautes, puis tu te caches derrière un petit meuble sur lequel est posée une lampe de chevet. Ton père sort du salon et ouvre la porte sans te remarquer.

– Bonjour ! Je voulais savoir si Alex était là, par hasard.

C'est Sylvain ! Tu lèves légèrement la tête pour vérifier. Oui, c'est bien lui, et il t'a vu.

– Non, répond sèchement ton père avec un air énervé.

Tu fais signe à ton ami de ne rien dire, puis tu articules « di-ver-sion » en le montrant du doigt. Sylvain fronce les sourcils. Il ne comprend pas. Ton père se retourne pour voir ce qu'il regarde. Tu plonges derrière le meuble.

– Vous déménagez ? demande Sylvain pour que ton père regarde à nouveau vers lui.

– Je ne crois pas que ce soit tes affaires, répond ton père en refermant un peu la porte.

Il laisse juste assez d'espace pour que tu parviennes à faire encore signe à Sylvain. Il finit par comprendre.

– En fait, j'ai vu Alex entrer chez Mme Rostan tout à l'heure. Alors je me suis dit que j'allais passer faire un coucou.

Ton père ouvre la porte plus grande et regarde du côté de chez la voisine.

– Sérieusement ?

– Ah oui, pas de doute !

– Qu'est-ce qu'Alex fout encore ? demande ton père avant de quitter la maison et de claquer la porte derrière lui.

Tu ne perds pas une seconde et tu récupères les clés dans la poche du manteau. Avant de repartir dans le couloir, tu jettes un œil par la fenêtre du salon. Sylvain te fait un petit signe tout en suivant ton père en direction de chez la voisine.

Tu te dépêches de retourner dans la cave. Tu as à peine fermé la porte que tu entends quelqu'un sortir du bureau juste en face.

– Papa ?

C'est Anna qui l'appelle. Tu as l'impression de respirer très fort, alors tu bloques ta respiration pour qu'elle ne se rende pas compte de ta présence. Tu l'entends s'approcher. Tu glisses délicatement la clé dans la serrure en plissant les yeux. Puis tu tournes pour verrouiller la porte. Tu vois la poignée s'abaisser. Il se passe quelques secondes, puis Anna repart dans le couloir en appelant à nouveau ton père.

Tu expires tout doucement et tu descends quelques marches avant de reprendre de l'air dans tes poumons.

C'est bon, tu as la clé du cadenas ! Tu le déverrouilles facilement.

Poursuis ta lecture en 25.

146

En avançant vers la porte de ta chambre, tu te dis qu'Anna cache peut-être bien des choses dans la sienne, mais que du peu que tu sais d'elle, elle serait capable de remarquer le moindre objet qui aurait bougé d'un centimètre. Tu pars donc te coucher sans regrets. Avant de t'endormir, tu imagines Anna avec un chapeau de sorcière. Il faut avouer que ça lui irait très bien !

Le reste de la semaine, tu essaies de joindre ton père tous les jours, sans succès. Le vendredi suivant, Anna et lui rentrent tard, mais tu les attends dans le salon.

– Tu n'es pas couché·e ? demande ton père en guise de salutation.

– Bonjour à toi aussi. Tu as passé une bonne semaine, Alex ? Oui, merci, Papa, et toi ?

Ni ton père, ni Anna ne relèvent ton sarcasme. L'ambiance est glaciale dans la pièce.

Tu t'attends à ce qu'Anna aille à l'étage pour vous laisser parler, mais elle s'assoit sur une chaise derrière ton père. Tant pis, alors.

– Comment t'as pu laisser Arthur tout seul toute une nuit ? Il n'a que 6 ans, je te rappelle !

Ton père et toi vous disputez un bon moment, tandis qu'Anna boit un verre d'eau, tranquillement, ne perdant pas un mot de votre conversation. Ton père te ressort la même rengaine, qu'Arthur est loin d'être aussi sage que tu le penses et que ce ne sont pas tes affaires. Quand tu en as assez de tourner en rond, tu finis par aller te coucher. Mais tu n'arrives pas à t'endormir. Devant le comportement de ton père, tu te demandes s'il ne serait pas plus prudent de revenir habiter à la maison quelque temps et de prendre des cours à distance.

Le lendemain, tu retrouves ton père, seul, au petit-déjeuner.

Si tu veux lui parler de ton idée de revenir vivre ici, poursuis en **17**. Si tu préfères ne rien dire, continue en **137**.

147

Tu contournes le bureau et tu ouvres l'un des tiroirs. La clé est là. Tout en le refermant, tu vois un prospectus sur le bureau. Le logo de l'association de ton père et d'Anna s'y trouve, et il y a aussi la phrase « Vos enfants seront pardonnés ».

Tu n'entends toujours rien dans le couloir.

Si tu veux aller directement à la cave sans perdre de temps, poursuis ta lecture en **40**. Si tu préfères t'asseoir un instant pour regarder le prospectus, rends-toi en **50**.

148

Alors que tu entends toujours Anna monter les escaliers d'un pas rapide, tu rampes sous le lit en essayant d'aller le plus au fond possible. Puis tu plaques ta main contre ta bouche pour que l'adolescente ne t'entende pas respirer.

Très vite, tu vois les souliers vernis entrer dans la chambre. Anna prend quelque chose sur le bureau, puis tu vois sa main poser un grand mouchoir parfaitement plié sur le sol. Juste à côté, elle place une assiette dans laquelle se trouve une forme grisâtre. Tu mets quelques secondes à reconnaître une souris. Puis elle lève le pied et l'appuie sur le rongeur, de plus en plus fort, jusqu'à ce qu'il ne reste plus qu'un tas de bouillie dans l'assiette. Tu as envie de vomir, mais tu appuies un peu plus fort ta main contre ton visage pour ne pas faire de bruit.

Anna utilise ensuite une sorte de spatule pour retirer un maximum de sang de sa chaussure en le faisant couler dans l'assiette, puis elle essuie son soulier avec le mouchoir. Finalement, elle se place devant le bureau. Tu entends des bruits étranges, comme si elle pressait quelque chose de mou et d'humide. Tu te décales un peu pour voir le bureau. Anna s'est assise. Tu n'entends plus grand-chose à part un léger son métallique contre l'assiette de temps en temps.

Après quelques minutes, la jeune fille se lève et se dirige vers l'armoire. Ouf ! Tu l'as échappé belle ! Elle récupère quelque chose à l'intérieur, puis elle repart vers les escaliers.

Tu as les jambes tremblantes après avoir assisté à ce spectacle macabre, mais il va bien falloir que tu bouges. Tu sors de sous le lit et tu rejoins le bureau. Sur la gauche, dans la poubelle, tu vois la souris morte, qui ne ressemble plus à grand-chose. Tu retiens un haut-le-cœur. Puis tu te tournes vers la droite pour voir ce qu'Anna faisait. Son carnet à dessin est ouvert sur un portrait qui n'est pas encore terminé. Juste à côté, tu vois l'assiette dans laquelle Anna a mis le sang de souris. Un pinceau est en train d'y tremper. Tu regardes à nouveau le portrait et tu constates qu'elle a utilisé le sang pour colorer les cheveux. Tu comprends mieux d'où venait la couleur marronâtre de ses dessins, notamment celui qu'elle t'a offert. Tu es écœuré·e d'avoir touché à ça !

Soudain, tu réalises que ce visage ressemble beaucoup au tien, et que le sweat correspond assez bien à celui que tu portes régulièrement. Tu as de plus en plus envie de vomir et tu prends le temps de respirer un peu avant de regarder le reste du carnet.

Tu tournes les pages précédentes. Il y a quelques croquis : un chapeau, un couteau, une pomme, puis le portrait de ton père que tu avais déjà vu. Anna y a ajouté des ombres, le rendant encore plus réaliste. Tu continues et tu retombes sur le portrait d'Arthur. Sa bouche et son nez ont été effacés. Il ne reste plus que ses yeux. Tu fronces les sourcils. C'est comme sur les autres portraits que tu avais vus aux vacances de Noël et sur celui qu'elle t'a offert. Tu reviens encore en arrière pour les retrouver. Et là, tu es sous le choc. C'est donc là que tu avais déjà vu la famille Barot ! Les visages de la femme, de l'homme et de la petite fille leur ressemblent énormément. Ils sont d'ailleurs dans la même position que sur les photos que t'a montré Maxime.

Tu jettes un œil à la porte de la chambre pour vérifier que tu es toujours seul·e, puis tu déchires les trois portraits, ainsi que l'autoportrait d'Anna qui se trouve juste après et le portrait de ton frère que tu glisses dans ta poche. Ça intéressera sûrement Maxime !

Note au début de ton livre en page 11 que tu as récupéré les dessins d'Anna, puis continue ta lecture ci-dessous.

Avant de quitter la chambre, tu regardes la poupée sur le lit. Elle a elle aussi plus de détails qu'à Noël. Tu comprends qu'elle représente Arthur. Tu la prends pour mieux la regarder, et tu constates que des épingles y sont plantées. Une poupée vaudou ! Dans une autre situation, tu aurais pu en rire, mais pas aujourd'hui, pas après tout ce que tu sais.

Tu hésites à l'embarquer aussi, mais elle risque de t'embêter plus qu'autre chose. Tu ne crois pas vraiment à ce genre de choses, mais dans le doute, tu retires tout de même les épingles pour les jeter à la poubelle.

Tu quittes finalement la chambre pour retourner en haut des marches.

Si tu as déjà la clé de la cave, tu peux y aller directement, en **40**. Sinon, tu vas devoir la récupérer dans le bureau, en **23**.

149

Tu n'es pas sûr·e de t'en sortir seul·e avec Arthur. Mieux vaut appeler la police. Mais avant, tu t'approches de la cage et t'accroupis devant ton frère pour lui faire comprendre que c'est toi. Tu mets la lumière de ton téléphone devant ton visage. Tu n'entends plus un bruit. Tu retournes alors ton téléphone. Arthur est en pleurs, incapable de parler.

– Oui, c'est moi, Alex. Ne t'inquiète pas, tout va bien se passer. Il faut juste que tu restes silencieux. Tu veux bien faire ça pour moi ?

Arthur hoche la tête. Tu lui adresses un sourire, mais le cœur n'y est pas. Il est si maigre que ça te donne des frissons.

Tu éteins la lumière de ton téléphone et tu composes le numéro d'urgence de la police. Une femme te répond assez vite.

– Bonjour, quelle est votre urgence ?

Tu parles tout bas en passant tes doigts à travers la grille pour garder un contact avec Arthur, qui les prend dans ses petites mains.

– Bonjour, mon frère et moi sommes dans la cave de notre père. Il a enfermé mon frère dans une cage. J'ai réussi à le rejoindre sans me faire repérer, mais je ne sais pas comment le sortir de là. La cage est fermée par un cadenas.

La policière te demande de ralentir pour qu'elle comprenne bien tout. Au moins, elle semble te prendre au sérieux. Elle demande votre adresse et te propose de rester en ligne avec elle le temps que ses collègues arrivent. Elle te demande de lui décrire la maison et toutes les entrées possibles.

S'il n'y a qu'Anna dans la maison, poursuis en 158. Sinon, rends-toi en 124.

150

Avant de pouvoir appeler l'orphelinat d'Anna, tu dois déjà trouver quel est le bon, car ton père t'a simplement dit qu'il était à deux heures de route de chez vous, sans donner plus de détails. Tu as trois correspondances sur le Net. Les deux premiers établissements t'informent qu'ils n'ont jamais eu de petite fille de ce nom. Tu appelles donc le troisième, persuadé·e que tu y trouveras ton bonheur.

– Bonjour, Madame, j'aimerais savoir si une certaine Anna Marek, adoptée courant novembre/décembre, vivait bien dans votre établissement.

– Anna… ça ne me dit rien. Peut-être un bébé qui n'est pas resté longtemps.

– Non, non, il s'agit d'une fille de 13 ans.

– Dans ce cas, c'est sûr que non. Malheureusement, les adoptions d'enfants âgés de plus de 5 ans sont très rares. Je m'en souviendrais.

Tu es découragé·e, mais tu insistes tout de même pour qu'elle vérifie dans ses dossiers.

– Je connais tous les enfants qui sont ici, je vous assure que c'est impossible. Par contre, j'ai accès au fichier national des adoptions. Je ne pourrai pas vous donner toutes les informations, mais je peux au moins regarder à quel établissement est rattaché ce nom. Anna comment, vous avez dit ?

La femme te promet de te faire un retour dans la semaine. Il n'y a plus qu'à attendre. En attendant, tu peux faire d'autres recherches.

Si tu souhaites chercher des infos à propos des parents d'Anna, rends-toi en **58**. Si tu veux regarder l'association d'Anna et de ton père, rends-toi en **91**. Enfin, tu peux aller en **102** pour arrêter tes recherches et te reposer.

151

Alors que tu entends toujours Anna monter les escaliers d'un pas rapide, tu files dans l'armoire que tu refermes sur toi. À travers la porte entrouverte, tu vois une bonne partie de la chambre.

Anna arrive avec une assiette à la main. Elle la pose par terre, à côté d'un mouchoir qu'elle a récupéré sur le bureau. Tu constates avec dégoût qu'il y a une souris morte dans l'assiette. Tu te demandes bien ce qu'Anna compte en faire. Tu as vite la réponse : elle se met à l'écraser avec son pied, la transformant rapidement en bouillie. Tu plaques ta main sur ta bouche pour retenir un haut-le-cœur.

Anna utilise ensuite une spatule pour retirer un maximum de sang de sa chaussure en le faisant couler dans l'assiette, puis elle essuie son soulier avec le mouchoir. Finalement, elle retourne devant le bureau et prend la souris dans ses mains avant de l'écraser encore, comme si elle pressait une simple orange. C'est dégoûtant ! Quand elle a terminé, elle jette ce qu'il reste de l'animal dans la poubelle et elle s'essuie minutieusement les mains. Puis elle s'assoit tranquillement au bureau et commence à peindre dans son carnet de dessin en trempant le pinceau dans le sang. Tu comprends mieux d'où venait la couleur marronâtre de ses dessins.

Après quelques minutes, Anna regarde son œuvre, puis elle se lève et se dirige vers l'armoire. Paniqué·e, tu cherches quelque chose qui pourrait te servir d'arme, mais c'est déjà trop tard, Anna ouvre l'armoire. Elle ne sursaute même pas en te voyant, mais son regard se durcit d'un coup. Elle recule d'un bond et attrape quelque chose sous son oreiller. Tu en profites pour sortir de la chambre et te précipiter vers l'escalier. Mais tu sens soudain une vive douleur dans ton dos. Anna vient de te lancer un couteau. Tu tombes à plat ventre sur le parquet du couloir. Tu ne t'arrêtes pas pour autant et tu commences à ramper vers l'escalier. Tu entends déjà les pas d'Anna derrière toi. Elle marche calmement. Elle arrive à ton niveau quand tu es en haut des marches. Elle te tire par les cheveux pour te faire lever la tête.

– Merci d'être passé·e, Alex. Adieu.

Puis elle te tranche la gorge d'un coup sec.

Ton histoire s'arrête ici. Tu n'as malheureusement pas pu sauver ton frère, ni même ta propre vie. Recommence depuis le début en faisant de meilleurs choix pour espérer remporter la partie la prochaine fois.

152

Tu cours jusqu'à la buanderie. Tu trouves du fil à linge encore neuf que tu ramènes dans le couloir pour attacher Anna. Tu entoures ses pieds et ses mains, puis tu lui mets un foulard autour de la bouche avant de la laisser contre un mur du couloir.

Tu es tranquille pour un moment, mais tu préfères faire vite. Tu récupères les clés de la cave dans le tiroir du bureau, puis tu la rejoins.

Rends-toi en 40.

153

En entrant, vous tombez nez à nez avec Anna. Elle est debout dans les escaliers, les deux mains derrière le dos.

– Arthur, retourne dans le placard, dit Anna en te regardant toi.

Ton petit frère te lâche la main pour lui obéir, mais tu te places devant lui.

– C'est quoi, ces histoires de placard ?

– Je crois que ce ne sont pas tes affaires, Alex, répond Anna avec calme. Et je t'ai déjà dit de ne pas te mêler de *mes* affaires !

– C'est mon petit frère, c'est ma maison !

Anna jette un regard très dur à Arthur. Il part en courant sans que tu aies le temps de le retenir. Puis ton regard revient vers Anna, qui est maintenant juste devant toi.

– Je t'aurai prévenu·e, murmure-t-elle.

Tu as à peine le temps de voir une lame briller dans sa main, puis c'est le trou noir.

Tu viens d'être assassiné·e par Anna. Tu as perdu !
Recommence ton aventure du début, en essayant de faire de meilleurs choix, cette fois.

154

Quand tu te réveilles, tu es d'abord ébloui·e par le soleil. Tu es attaché·e à un arbre dans une forêt. À ta droite, tu finis par voir Arthur. Il est attaché, lui aussi, et il regarde droit devant lui, les yeux dans le vague. Tu essaies de lui parler, mais il ne réagit pas. Puis tu entends des pleurs. Tu tournes la tête à gauche. Deux enfants sont attachés, comme vous, chacun contre un arbre. Et il y a encore une petite fille devant toi, attachée elle aussi.

Tu remues tes bras pour essayer de te libérer, en vain.

– Seigneur, nous t'apportons ces tributs pour sauver les âmes de leurs parents. Ils ne sont pas parvenus à les éduquer selon tes préceptes, mais pardonne-leur, oh Seigneur !

Un prêtre arrive de derrière toi et se place au centre du cercle que vous formez.

– Laisse ces tributs entrer dans ton royaume et permets à leurs parents de les rejoindre dans leur vie prochaine.

– Amen !

Une dizaine de personnes viennent de prononcer ce mot derrière toi.

– Détachez-moi ! cries-tu à l'attention du prêtre.

Il te jette un regard sans expression, puis fait un signe de tête à quelqu'un derrière toi. Anna arrive avec une seringue. Elle ne perd pas de temps et te la plante sans ménagement dans la nuque. La dernière chose que tu vois avant de sombrer, c'est son regard plein de fierté. Elle a gagné cette partie.

Ton aventure s'arrête là, et tu as perdu. Arthur et toi mourez dans cette forêt. Recommence depuis le début en tâchant de prendre de meilleures décisions.

155

Au bonheur des mômes est un grand magasin de jouets. Tu parcours les rayons sans trop savoir ce que tu cherches. Fatou te fait beaucoup de propositions : une poupée ? Trop cliché. Des Playmobil ? Arthur en a déjà plein. Une peluche ? Ça prend la poussière. Non, décidément, rien ne va. C'est trop difficile d'acheter un cadeau pour quelqu'un qu'on ne connaît pas.

– Attends, je sais ! s'exclame soudain Fatou. Elle s'enfonce dans un rayon, puis te ramène une espèce de figurine de chat.

– Apparemment, c'est trop à la mode. Ça s'illumine dans le noir, et il miaule quand tu appuies sur son ventre.

Fatou accompagne le geste à la parole. Tu n'es pas hyper convaincu·e, mais en voyant une petite fille supplier sa mère de lui en acheter un, tu hésites.

Si ce cadeau te va, continue en **8**, si tu préfères visiter un autre magasin, rends-toi en **134** pour *Zen mode* ou en **64** pour *Jeux bouquine*.

156

Tu n'as même plus la force de répondre à Sylvain, plus la force de prendre une décision. Bientôt, tu finis par lui dire de te laisser tranquille. Chacun de ses messages est comme un coup de poignard. D'ailleurs, tu décides d'éteindre ton téléphone. Tu ne veux plus rien savoir du monde qui t'entoure, tu te protèges dans une carapace de douleur.

C'est quelques jours après ton retour de maison de repos que tu apprends une terrible nouvelle. Tu avais repris ta vie d'ermite dans ta chambre à regarder des séries. C'est un jeudi en début d'après-midi que Fatou vient te voir dans ta chambre. Tu n'as plus vraiment de notion de temps, mais tu avais entendu ta coloc partir en cours ce matin.

– Tu n'as pas cours cet après-midi ?

Fatou ne répond pas. Elle a encore la main sur la poignée, la tête basse. Elle te jette un regard plein de compassion. Tu te précipites vers elle.

– Qu'est-ce qu'il y a ?

Fatou te prend dans ses bras.

– Tu n'as toujours pas allumé ton téléphone ?

Tu essaies de te soustraire à son étreinte pour la regarder en lui répondant que non, mais elle te serre encore un peu plus fort.

– Alex... il s'est passé quelque chose...

Ton amie te serre encore un peu plus. Tu ne pourras bientôt plus respirer.

– Ton ami Sylvain m'a contactée sur Facebook. Ton père et Anna ont quitté leur maison. Personne ne les a vus partir. Personne ne sait où ils sont allés. Leur voiture a été retrouvée au bord de la route à quelques heures de chez toi.

Tu sens grossir peu à peu le nœud que tu avais dans le ventre depuis des semaines, et un autre se forme dans ta gorge. Tu aimerais demander si Arthur est parti avec eux, mais aucun son ne sort. Fatou arrête un moment de parler, mais elle ne te lâche pas. Puis elle reprend d'une voix à peine audible :

– Et Arthur… on l'a retrouvé.

Ton corps se met à trembler.

– Il était attaché à un arbre dans une forêt.

Tes yeux s'emplissent de larmes.

– Il était déjà mort depuis plusieurs jours.

Tu ne sauras jamais ce qui est arrivé à ton petit frère. Ce qui est certain, c'est que ton père et Anna ont disparu des radars. On ne les retrouvera jamais.

Cette histoire s'arrête ici. Et elle aurait pu mieux se terminer, c'est certain ! Recommence depuis le début et fais bien attention à tes décisions, car elles sont lourdes de conséquences. Espérons que tu arriveras à une meilleure fin pour toi et ton petit frère.

157

Tu ne fais pas de bruit pour qu'Arthur ne se rende pas compte de ce que tu fais, et tu rejoins la porte de la chambre d'Anna. Dommage, elle est fermée à clé ! Mais ça ne fait qu'éveiller davantage ta curiosité. Pourquoi fermer ? Elle aurait des choses à cacher ? Tu n'as pas envie d'en rester là et tu te diriges donc vers la chambre de ton père. Tu entres et t'assois sur le lit. Tu regardes autour de toi, mais il n'y a rien de spécial.

Tu te retournes pour regarder ce qu'il y a sur la table de nuit. Un baume à lèvre, une montre cassée et une pile de trois livres. Le premier est un roman. Le second est la Bible. Surprenant ! Vous avez toujours été athées dans la famille. Encore un changement survenu depuis l'arrivée d'Anna ? Tu la feuillettes rapidement avant de la reposer pour regarder le dernier ouvrage.

C'est un livre sur l'éducation. Intrigué·e, tu lis la quatrième de couverture, mais il a l'air d'être tout ce qu'il y a de plus classique. Il parle même d'éducation positive ! Tu soulèves tout de même la page de couverture. Le prénom de ta mère, Ysaline, a été écrit de sa main sur la première page. Tu caresses ce simple mot du bout des doigts. Si elle savait ce qu'il se passe ici… Ces lettres serrées les unes contre les autres te plongent dans une profonde tristesse. Tes yeux s'humidifient. Tu te souviens de ta mère, principalement des bons moments d'ailleurs. Tu parviens à revoir son sourire dans tes pensées, mais le reste de son visage, tu n'arrives plus à te l'imaginer. Il n'y a que sur les photos, celles que tu as regardées mille fois, que tu peux le voir. Pourtant, ce n'est pas son vrai visage. Le sien était vivant, tandis que celui des photos est figé comme un simple masque qui cache celle que tu as connue.

Tu renifles. Arthur doit se sentir si seul parfois. Ça doit être encore plus dur pour lui. Il a à peine connu votre mère, et il en a très peu de souvenirs. Toi, au moins, tu as déjà vu ton père heureux, réellement heureux.

Tu refermes le livre. En tout cas, ton père n'a pas dû le lire. On est loin de l'éducation positive en empêchant son enfant d'éternuer... Du moins, si cette histoire est vraie ! Tu pousses un soupir avant de retourner dans le couloir.

Poursuis ta lecture en **146**.

158

Ce n'est qu'après plusieurs minutes que tu penses à Anna et à ton père qui n'est probablement pas encore rentré.

– Il y a une adolescente dans la maison. Elle est dangereuse. Ne la laissez surtout pas partir, je sais qu'elle a quelque chose à voir dans tout ça. Et il faut aussi arrêter mon père à son travail. Je ne veux pas qu'il s'enfuie !

La policière essaie de te rassurer. Elle te répond que personne ne quittera la maison, et qu'ils iront chercher ton père à son travail dès qu'ils vous auront récupérés, Arthur et toi.

Tu bous intérieurement. Et si un voisin le prévenait ? Et s'il prenait la fuite ? Tu n'aurais peut-être pas dû appeler la police finalement. Tu cherches les yeux d'Arthur dans le noir, mais tu ne les vois pas.

La policière continue de te parler au téléphone. Elle suit le déplacement de ses collègues sur un GPS.

– Ils seront là dans une minute. Savez-vous si quelqu'un d'autre pourrait être impliqué ? Votre mère ?

Tu as une pensée pour elle, tu revois les yeux bleus de celle qui t'a élevé·e, qui t'as transmis tant d'amour et à qui tu as promis de veiller sur ton petit frère. Ta mère n'aurait jamais laissé faire ça. Elle n'aurait pas supporté de voir ton frère ou toi souffrir. Tu revois ton père, anéanti à son enterrement. Il ne vous avait ni regardé, ni touché, ni parlé durant toute la cérémonie, à tel point que le prêtre s'était senti obligé de venir vous dire lui-même deux mots avant de sortir de l'église.

Le prêtre ! Tu expliques à la policière ce que tu sais du prêtre qui semble diriger l'association de ton père et d'Anna. Elle te dit qu'elle veillera personnellement à ce qu'il reste dans les parages pour l'interroger.

Quand les policiers arrivent devant chez toi, tu décolles le téléphone de ton oreille pour écouter.

Un grand boom dans la porte de la cave te fait sursauter, puis la lumière t'éblouit. Quand tu peux à nouveau ouvrir les yeux, trois policiers t'entourent. Comme tu ne réagis pas, l'un d'eux te prend le téléphone des mains et le plaque contre son oreille.

– Laurence ? C'est Yannick. C'est bon, on les a. Appelle une ambulance.

Soudain, tu reconnais l'un des policiers. C'est Maxime. Il t'aide à te relever tandis que ses collègues sont déjà en train de crocheter la serrure du cadenas qui verrouille la cage.

– Tu n'aurais pas dû venir seul·e ici, te sermonne le policier. Mais je suis bien content que tu l'aies fait, ajoute-t-il. On aurait pu passer à côté de ton frère sinon.

Maxime est tout penaud.

– Merci d'être là maintenant, dis-tu avec un sourire.

Quand Arthur sort enfin de sa cage, vous vous jetez dans les bras l'un de l'autre. Ton frère est tout frêle, et il sent terriblement mauvais, mais tu es tellement soulagé·e. Pourtant il n'est pas encore sorti d'affaire, il est très faible.

– Une ambulance doit vous attendre en haut, te dit Maxime.

Tu prends Arthur sur ton dos et tu remontes en premier. Un autre policier vous attend devant la porte, puis tu en vois un cinquième dans le salon en train de discuter avec Anna. Elle n'est pas menottée. En sortant, tu demandes à Maxime de s'approcher de toi pour qu'Anna n'entende pas.

– Vous allez l'emmener, hein ?

– Ne t'inquiète pas, on la ramène au poste pour l'interroger. Et on a déjà envoyé une équipe au travail de ton père, qui sera placé en garde à vue.

Tu es soulagé·e. Tu laisses le policier pour transporter ton frère jusqu'à l'ambulance.

Poursuis ta lecture en **61**.

159

Dépité·e, tu retournes chez Sylvain. Il est dans l'entrée en train d'habiller Nalah. Et surtout, il est furieux.

– Tu ne pouvais pas répondre à ton téléphone ? J'étais mort d'inquiétude ! J'allais justement demander à la voisine de garder Nalah pour aller te chercher.

Tu ne réponds même pas, et tu vas directement t'asseoir dans le canapé, la tête dans les mains. En voyant ton état, Sylvain se calme immédiatement.

Il prend Nalah dans ses bras et te rejoint. La petite fille te regarde avec étonnement. Elle ne doit pas avoir l'habitude de voir des adultes pleurer.

– Bobo ? demande-t-elle.

Tu lui adresses un pauvre sourire pour la rassurer.

– Je ne sais plus quoi faire, Sylvain. Je n'ai aucune preuve pour pouvoir convaincre la police, mais Anna et mon père me font réellement flipper. Ils ont tout verrouillé, je ne peux plus entrer maintenant.

Sylvain te regarde en soupirant, il n'a plus d'idées, lui non plus. Finalement, vous décidez d'appeler Maxime pour lui demander d'y aller lui. Il vous dit qu'il passera dès que possible.

Sylvain, Nalah et toi montez dans la chambre des parents, lumière éteinte, pour observer la scène. Le policier arrive une vingtaine de minutes plus tard, avec un collègue. Tu les vois sonner à la porte, puis discuter avec ton père. Ce dernier semble d'abord surpris. Il jette un œil à la maison de Sylvain. Il ne peut pas te voir dans la pénombre, mais tu te recules tout de même d'un bond.

– Ton père se met en colère, commente Sylvain.

Tu reviens à la fenêtre. Tu vois Maxime montrer quelque chose du doigt dans l'embrasure de la porte. Ça ne plaît pas à ton père, qui referme derrière lui pour les empêcher de regarder à l'intérieur. Puis il fait des gestes pour demander aux policiers de partir. Ils s'exécutent.

La voiture de police a à peine tourné au coin de la rue que tu reçois un appel de Maxime.

– Ton père affirme que son fils est à l'hôpital. Je sais qu'il ment, puisque je les ai tous appelés, les hôpitaux ! Selon lui, le bruit dans le babyphone est forcément venu d'un autre voisin. Je crois qu'il a compris que c'était chez vous que la fréquence a été entendue. Ne bougez pas d'ici et ne lui ouvrez surtout pas s'il vient vous voir. J'ai l'impression que ça l'a vraiment mis en colère. De mon côté, je vais demander un mandat de perquisition.

Tu vois que Sylvain est bientôt aussi tendu que toi.

– Heureusement que mes parents reviennent demain soir.

Au moment d'aller vous coucher, ton ami te propose de dormir dans sa chambre sur un matelas par terre, comme quand vous étiez plus jeunes. Ça vous rassure d'être à deux, mais vous mettez des heures à vous endormir.

Continue en **36**.

160

Tu t'éloignes encore de ta maison pour être sûr·e qu'Anna ou que ton père ne te surprenne pas, puis tu composes le numéro d'urgence de la police. Tu expliques tant bien que mal que ta sœur de 13 ans a voulu te planter avec un tournevis. Tu préfères ne pas parler d'Arthur pour éviter qu'on ne te prenne pour un·e fou·folle

– Où est-elle maintenant ? Près de vous ?

– Non, j'ai réussi à m'enfuir.

– Bon. Et vos parents, ils sont chez vous ?

– Mon père vient de rentrer, mais il prendrait son parti de toute façon. Ils sont tous les deux dangereux ! Il faut les arrêter.

La policière lâche un soupir.

– Écoutez, on n'est pas là pour régler les petits problèmes de famille.

Tu essaies encore de te justifier, mais la policière ne prend pas ton histoire au sérieux, et elle finit par raccrocher.

Tu n'as maintenant plus beaucoup de choix. Si tu veux retourner chez ton père, poursuis en **84**. Si tu préfères retourner chez Sylvain et attendre, rends-toi en **159**.

POUR ALLER PLUS LOIN

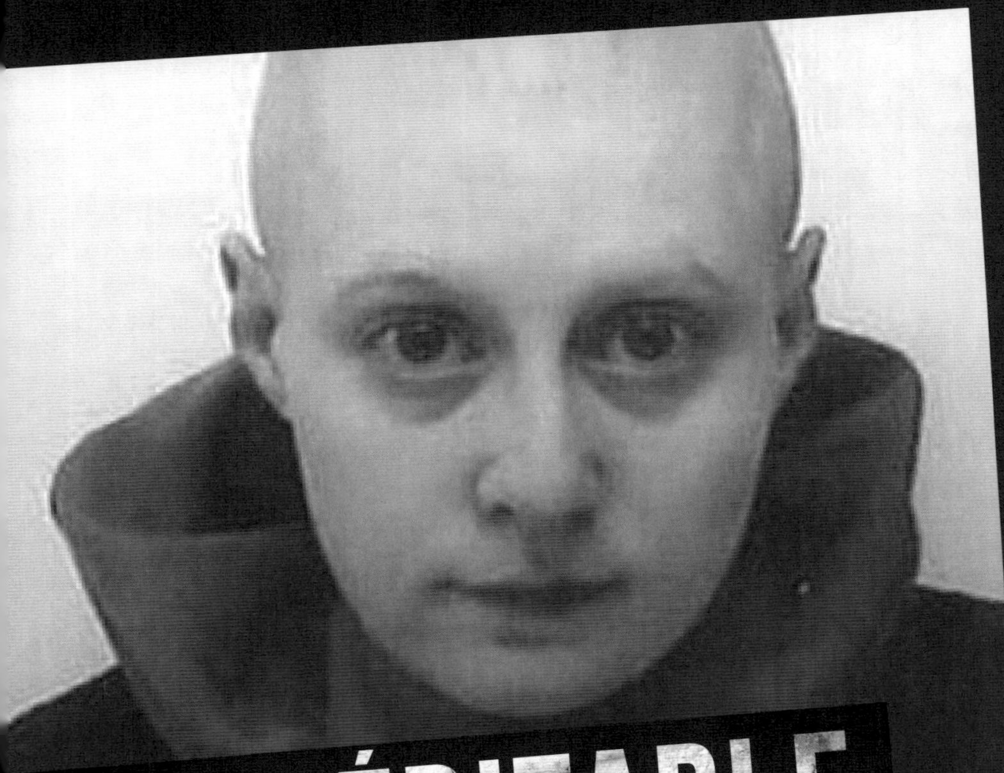

LA VÉRITABLE HISTOIRE : L'AFFAIRE KUŘIM

Église de Sainte Marie-Madeleine à Kuřim en République tchèque

Barbora Škrlová

L'histoire vraie qui a inspiré ce livre donne froid dans le dos, c'est aussi l'histoire qui a inspiré le film *Esther*. Elle s'est déroulée en 2007, en République tchèque, dans la ville de Kuřim.

Tout a commencé lorsque Klára Mauerová et sa sœur Kateřina ont rencontré une jeune fille de 13 ans, Anna, à l'université. Les trois femmes sont rapidement devenues amies. Kateřina vivait chez sa sœur, qui élevait seule ses deux fils âgés de 8 et 10 ans depuis que leur père avait quitté le foyer. Les deux sœurs seraient atteintes de troubles psychologiques depuis l'enfance, voire de schizophrénie. Cela serait d'ailleurs la raison du départ du père des deux garçons. Elle aurait été violente avec lui et le frappait.

Anna s'est présentée comme une orpheline auprès des deux sœurs, leur expliquant qu'elle avait été maltraitée quand elle était plus jeune. Au bout de quelque temps, attendrie par son histoire, Klára a proposé à Anna de venir vivre avec eux. Au début, tout se passait relativement bien, mais Anna souffrait de plusieurs problèmes de santé et devait régulièrement rendre visite à un médecin. Néanmoins,la jeune fille refusait systématiquement que Klára l'accompagne, et c'était uniquement Kateřina qui la conduisait voir ce mystérieux docteur. Klára apprendra plus tard que les deux femmes faisaient en réalité partie d'un groupe de randonneurs tourné vers la spiritualité et proche de la secte du Graal.

Bientôt, Klára s'est mise à recevoir des messages du prétendu docteur d'Anna, qui lui demandait de lui apporter des soins tous particuliers, au point de laisser un peu de côté ses deux fils. Klára n'a pas hésité, car elle était très attachée à Anna, qu'elle considérait comme sa propre fille et qu'elle souhaitait d'ailleurs adopter. Ces échanges continuent jusqu'au jour où le docteur lui explique que ses fils font du mal à Anna, se moquent d'elle, et que Klára doit les punir. C'est à ce moment-là que tout bascule et que les maltraitances ont commencé. Klára, qui avait pourtant toujours été une mère attentionnée, a commencé à les frapper, les fouetter, les priver de nourriture et les enfermer dans un placard.

Un jour, Klára, Anna, Kateřina et les deux garçons sont partis vivre dans un chalet dans les bois avec d'autres personnes, probablement des membres de leur groupe de randonneurs. Ils y restent quelques temps et cest ici que les deux enfants auraient vécu un véritable enfer.

Plusieurs hypothèses ont été données par les enquêteurs, sans qu'aucune n'ait vraiment été vérifiée : les enfants auraient été enfermés dans des cages pour chien qui n'étaient jamais nettoyées et dont ils ne sortaient qu'une fois par jour pour être torturés. On leur plongeait la tête dans l'eau jusqu'à ce qu'ils soient sur le point de se noyer, on les brûlait avec des cigarettes, on les frappait et ils subissaient des abus sexuels.

A droite Katherina Mauerova et à gauche Barbora Skrlová déguisée en Adam.

Si Klára faisait bien partie des tortionnaires, elle expliquera plus tard qu'elle ne pensait pas à mal. On lui avait complètement retourné le cerveau, lui faisant croire qu'elle faisait quelque chose de bien.

Pourtant, le pire était encore à venir. Un jour, les adultes se sont mis à manger des morceaux des corps des enfants, les mutilant régulièrement.

En revenant dans leur logement habituel, Klára a enfermé ses enfants à la cave et continuait de les maltraiter.

Un jour, un voisin a installé une caméra dans la chambre de son bébé pour pouvoir le surveiller durant les siestes.

C'est alors qu'il a reçu la fréquence d'une autre caméra. Il a vu un enfant nu, dans le noir, les mains attachées dans le dos. Puisque la fréquence du signal était de courte portée, il a tout de suite compris que cela venait du quartier, et il a immédiatement alerté la police, qui a pu retrouver les deux garçons et Anna. Pensant qu'ils étaient tous trois maltraités, ils les ont emmenés dans un foyer, puis dans des familles d'accueil. Mais Anna en a profité pour s'enfuir.

Les enquêteurs découvrent rapidement qu'Anna n'était en fait pas la fille de Klára, et qu'elle n'était d'ailleurs pas une petite fille de 13 ans, mais une femme d'une trentaine d'années.

Ils découvrent ainsi qu'elle s'appelle en réalité Barbora Škrlová.

Ce n'est que quelques semaines plus tard qu'ils retrouvent sa trace, car Barbora s'est rendue à l'ambassade tchèque de Copenhague. Puis, encore des mois plus tard, c'est en Norvège qu'ils la retrouvent, à nouveau sous une fausse identité, celle d'un garçon de 12 ans nommé Adam.

Après toute cette histoire, six personnes, dont Barbora, ont eu des peines de prison ferme, tandis qu'une dizaine d'autres ont été considérées comme impliquées. Pour autant, les enquêteurs n'ont jamais vraiment su le fin mot de l'histoire. L'hypothèse la plus souvent abordée est celle du père ou du frère de Barbora se serait fait passer pour ce fameux docteur et qui dirigeait ce groupe sectaire séparé du mouvement du Graal.

À PROPOS DU GRAAL

Le mouvement du Graal est issu de la religion chrétienne mais se fonde sur le livre *Dans la lumière de la vérité – Message du Graal*, d'un auteur allemand qui l'a écrit peu avant la Seconde Guerre mondiale. Les groupes issus de ce mouvement sont considérés comme sectaires en France, mais on trouve ce mouvement dans de nombreux pays du monde.

Il y a eu des dérives sectaires du Mouvement du Graal, dont des médecins font partie. Ils sont adeptes de médecines parallèles et refusent la médecine classique. Ils prônent une médecine naturelle uniquement, même pour soigner des cancers. Ils font aussi de la désinformation auprès de leurs patients, notamment sur les vaccins.

Plusieurs médecins ont ainsi été exclus de l'ordre des médecins.

Sépulture d'Oskar Ernst Bernhardt, auteur du livre Dans la lumière de la vérité – Message du Graal

QUE DIT LA LOI SUR LA MALTRAITANCE ?

Selon l'OMS (Organisation mondiale de la santé), la maltraitance sur mineur est classée en quatre catégories : maltraitance physique, psychologique, sexuelle ou négligence. Toujours selon l'OMS, dans le monde, près de 40 millions d'enfants seraient concernés par au moins l'un de ces types de maltraitance.

La maltraitance a la plupart du temps un caractère traumatisant qui peut avoir de lourdes conséquences sur le développement de l'enfant, puis sur sa vie d'adulte : échec scolaire, toxicomanie, délits, crimes…

En France, la maltraitance est définie ainsi dans la loi relative à la protection des enfants :

Art. L. 119-1.-La maltraitance au sens du présent code vise toute personne en situation de vulnérabilité lorsqu'un geste, une parole, une action ou un défaut d'action compromet ou porte atteinte à son développement, à ses droits, à ses besoins fondamentaux ou à sa santé et que cette atteinte intervient dans une relation de confiance, de dépendance, de soin ou d'accompagnement. Les situations de maltraitance peuvent être ponctuelles ou durables, intentionnelles ou non. Leur origine peut être individuelle, collective ou institutionnelle. Les violences et les négligences peuvent revêtir des formes multiples et associées au sein de ces situations.

La gravité de la maltraitance est définie selon un certain nombre de critères, notamment l'âge de l'enfant, le lien qu'a l'enfant avec son bourreau, les actes perpétrés, le temps d'invalidité de l'enfant et les conséquences que peuvent avoir les maltraitances sur sa vie future, de manière physique ou psychologique.

Les actes de maltraitance sont punis de trois ans d'emprisonnement et de 45 000 € d'amende, mais il peut y avoir des circonstances aggravantes (s'il y a répétition, si l'enfant a moins de 15 ans, s'il y a préméditation ou usage d'une arme, si la maltraitance a lieu dans un établissement scolaire ou éducatif, et enfin, si l'accusé est un ascendant légitime de la victime). Selon les circonstances aggravantes, on peut être puni jusqu'à trente ans de réclusion criminelle.

JOURNAL DE BORD

CRÉDITS ICONOGRAPHIQUES :

Domaine public

243/Hugo ; 245/Skjölding

Creative Commons Attribution 4.0 - Partage dans les mêmes conditions

244/Suigenerissubs289

Conditions inconnues

242/CTK

Toutes les autres images de ce dossier proviennent d'iStock.